AUF DER SUCHE NACH MITTELEUROPA

Elisabeth Göbel

AUF DER SUCHE NACH MITTELEUROPA

Eine Lebensreise zwischen West und Ost
im 20. Jahrhundert

Verlag Freies Geistesleben

1. Auflage 2008

Verlag Freies Geistesleben
Landhausstraße 82, 70190 Stuttgart
Internet: www.geistesleben.com

ISBN 978-3-7725-1944-4

© Verlag Freies Geistesleben
& Urachhaus GmbH, Stuttgart
Umschlagvorderseite: Dresdener Frauenkirche mit weidender Schafherde, 1957
Satz und Layout: Manfred Christ (www.scrivendi.de)
Umschlaggestaltung: Thomas Neuerer unter Verwendung einer Fotografie von
Walter Möbius (© Archiv der Sächsischen Landesbibliothek, Dresden)
Druck: Druckhaus Nomos, Sinzheim

Inhalt

Zum Geleit 7

Kindheit in Berlin 10

Einschneidende Sommerferien 17

Eine Jugend im Nachkriegsdeutschland 20

Die ersten eigenen Entscheidungen 27

England – eine Zeit der Selbstfindung 30

Eurythmie-Studium in Köngen – Finde ich meine Lebensmotive? 35

Vorbereitungen für die Übersiedlung in die DDR 42

Erste Zeit in Dresden – Eurythmie im Kreuzverhör 52

Die Eurythmie-Arbeit ist genehmigt 64

Wie sich die Eurythmie in Dresdens sozialistischen Alltag einwurzelte 70

Ein eurythmisches Intermezzo im Westen 79

Das wache Auge des Staates 82

Höhepunkt der Eurythmie-Arbeit 90

Eine Russlandreise mit unvorhersehbaren Folgen 102

Noch immer in Dresden – Von aufrüttelnden Schicksalen und dem Aufbruch in den Westen 110

Ein neues Leben beginnt   133

Mitte des Lebens   141

Schule – nicht nur für die Kinder   157

Mitteleuropa ist offen – aber wofür?   172

Von äußeren und inneren Horizonterweiterungen   179

Epilog – Ein HALLELUJAH   202

Unterwegs, die Mitte suchend – Ein Nachwort von Udi Levy   209

Personenverzeichnis   215

Anmerkungen   221

Zum Geleit

Auf drängendes Bitten hin, die Erlebnisse, die ich in den Jahren von 1956 bis 1961 in der DDR hatte, einmal aufzuschreiben, begann ich, über dieses Unternehmen nachzudenken. Meine Erfahrungen jener Zeit zeugen von den Folgen der Kulturzerstörung in Mitteleuropa durch den Nationalsozialismus, wie sie sich nach der Teilung Deutschlands in dessen östlichem Teil auswirkten und von den Menschen der Bundesrepublik nicht wirklich innerlich begleitet oder gar mitgetragen wurden. Auch die ganz andere Seelenart, die dort durch die Zwangssituationen erwuchs, konnte nach dem Mauerfall nicht voll zur Geltung kommen, da der westliche Zugriff schneller war als das menschliche Aufeinanderzugehen, durch das allein eine Verständigung hätte entstehen können – allerdings mit leuchtenden Ausnahmen!

Es trat keine wirkliche Vereinigung ein, eine unsichtbare Mauer blieb. Die verschiedenen Schicksale der Nachkriegszeit hinterließen eine nicht so schnell zu überwindende Prägung. Viel ist schon über die Folgen des Kommunismus geschrieben worden. Aber ich meinte, dass ich mit meinen Erfahrungen noch eine andersartige Facette schildern kann, die ein wenig zum Verständnis des gespaltenen Mitteleuropa beitragen könnte. Es stellte sich dabei heraus, dass meine Aufzeichnungen nicht schlüssig sein würden, wenn ich nicht auch die Motive, die mich damals in die DDR geführt hatten, mit einschließe. Ich bemerkte, dass die dortigen Erlebnisse Folgen für mein weiteres Leben hatten, ja dass sie aus denselben Impulsen stammen wie jene am Anfang meines Lebens und damit in gewisser Weise auch dazugehören.

Der endgültige Entschluss, das alles zu Papier zu bringen, entstand im Sommer 2006. Als mir die Schrecknisse des Krieges im Nahen Osten durch Mark und Bein fuhren und ich die Wunde, die so ein Krieg für den ganzen Erdorganismus bedeutet, auch an meinem eigenen Organismus spürte, wurde mir deutlich, dass diese Erschütterung mit meinen Kindheitserlebnissen zusammenhängt. Dadurch erhielten diese in gewisser Beziehung eine Aktualität, sodass ich etwas Allgemeingültiges darin sehen konnte und den Mut fand, mit meinen Aufzeichnungen zu beginnen. Gewiss werden manche Schattierungen dabei nicht zur Geltung kommen, denn wer wäre wohl in seinen Erinnerungen schonungslos zu sich selbst? Vergisst man nicht allzu gern eigene Unzulänglichkeiten?

Zwei Menschen möchte ich meine Aufzeichnungen widmen. Diese sind mein Vater, Maximilian Sigler, und mein Mann, Florian Göbel. Mein Vater spielte für meine frühen Beweggründe die ausschlaggebende Rolle. Seine schützende Kraft wird deutlich am Schluss seines letzten Briefes, den er mir, seiner 14-jährigen Tochter, schrieb, bevor er 1944 fiel: «Als Soldat muss pflichtgemäß das Befohlene getan werden, so denkt man sehnsüchtig zurück an die Heimat und wünscht, dass es der eigenen Familie auch späterhin und zum Heile aller Menschen wohlergehen möchte.» Mir all die Charaktereigenschaften wünschend, die *zum Heile aller Menschen* nötig sind, grüßt er mich nun, was ich damals nur innerlich bebend in mich aufnehmen konnte. Wie groß ist doch der Abstand zwischen Ideal und dem, was realisiert werden kann. Oft habe ich um seine Hilfe bitten können.

Meinem Mann widme ich diese Schilderungen, weil er später mit Rat und Tat an meiner Seite stand, durch alle Höhen und Tiefen, und auch mit den unvermeidlichen Auseinandersetzungen mir zu mancher Klärung verhalf und mich trotz der inneren wie äußeren Hindernisse immer wieder ermutigte.

In diesem Sinne wären natürlich noch viele Menschen zu erwähnen, nicht zuletzt meine Mutter. Doch all diese werden in meinen Aufzeichnungen jetzt zur Geltung kommen.

Kindheit in Berlin

Wie viele Menschen meiner Generation werden wohl in ihrer Kindheit und Jugend – also in den Dreißigerjahren des letzten Jahrhunderts – die tiefe Zwiespältigkeit des Lebens in ihrer Umgebung gespürt haben? Da war einerseits im besten Falle die Familie, in der man sich noch geborgen fühlen konnte, und andererseits erlebte man die vielfältigen Spannungen, die die politischen Verhältnisse und Ereignisse mit sich brachten. Diese waren damals, jedenfalls äußerlich, viel massiver als existenzielle Bedrohung zu spüren als heute. Aber diese Spannungen haben einen tieferen Bezug zur heutigen Weltlage, als es scheinen mag, wie ich am Beispiel der Erlebnisse meiner Kindheit und Jugend schildern möchte. Vielleicht wird man sich am Ende meiner Aufzeichnungen fragen, inwiefern auch unsere heutige Situation existenzieller Natur ist. Nur scheinen die Probleme jetzt oft deutlich getrennt in zwei Bereiche auseinanderzufallen – in die des Individuellen und in die des Globalen.

Viel mehr Kinder wuchsen damals noch in intakten Familien auf als heute, und so auch ich. Die meinige war warm durchpulst von dem Gedankengut der Anthroposophie. Für mein kindliches Erleben war es die Gewissheit der Allgegenwart von wirkenden, unsichtbaren Wesen, beispielsweise von Engeln oder dem «lieben Gott». Im Freundeskreis sorgte ein seelischer Reichtum für geselliges Leben; doch unsere anthroposophischen Arbeitskreise und die Kammermusik mussten wegen der politischen Lage im Privaten stattfinden. Meine Eltern pflegten auf allen Gebieten Verbindungen zu vielen interessanten, auch jüdischen Menschen. Bei unseren Hausbewohnern galten sie bald als verdächtig. Unsere Wohnung in Berlin befand sich im vierten Stockwerk. In der Mitte des Treppenhauses, wo ein Fahrstuhl vorgesehen war, befand sich ein heller Lichtschacht, um den sich der Treppenaufgang wand. Von jeder Etage gingen drei Wohnungstüren mit kleinen, runden Guckfenstern ab, hinter denen man spähende Augen vermuten musste. Die Hauseingangstür wurde recht früh am Abend geschlossen. Unsere Freunde und meine Eltern hatten einen Pfiff mit der chromatischen Tonfolge einer Bach-Fuge als Erkennungszeichen verabredet, der schwer nachzupfeifen war, sodass man Ungebetene an falschen Tönen erkennen konnte. Hörte man oben die richtigen, so wurde ein eingepackter Schlüssel herabgeworfen, der im Dunkeln oft nicht leicht zu finden war. Bis also die Freunde versammelt waren, hatten sie schon viele Gefahren hinter sich. Von bisher freundlichen Mitbewohnern waren uns gegenüber immer öfter argwöhnische Äußerungen zu vernehmen. Ich gewöhnte mich an ein gewisses Schauergefühl.

Häufig wurden auch die Abendmahlzeiten gemeinsam mit den Freunden eingenommen, die später in meines Vaters Atelier, das tagsüber seinen innenarchitektonischen Planungen diente, ihre diversen Veranstaltungen abhielten. Als Kind erlebte ich dabei die große Begeisterung und zugleich den wachen Ernst für die Anthroposophie, aber auch die doppelte Verzweiflung, die von den Menschen gefühlt werden musste, die der Anthroposophie so tief verbunden waren. Es waren für sie nicht nur die politischen Geschehnisse, sondern zusätzlich diejenigen innerhalb der Anthroposophischen Gesellschaft,[1] die inmitten der schreckerfüllten Situation Deutschlands sich wie blutige Kämpfe ausnahmen und tiefe Wunden verursachten. Während dieser Abendmahlzeiten hat sich mir, damals fünfjährig, der Name Ita Wegman[2] tief eingeprägt, der oft mit intensiver Anteilnahme im Mittelpunkt der Gespräche stand.

Schon früh ließen die Eltern mich und meinen kleinen Bruder nach dem Zu-Bett-Gehen alleine, wenn sie zu den Proben der sogenannten Weihnachtsspiele aufbrachen. Diese mittelalterlichen Spiele, die Paradies und Sündenfall, Christgeburt und Anbetung der Könige auf volkstümliche Weise in Szene setzen, hatten sich in Siebenbürgen unverfälscht und ausdrucksstark erhalten und wurden von Rudolf Steiner, der sie schon vor dem Ersten Weltkrieg in Berlin mit anthroposophischen Freunden inszeniert hatte, sehr geschätzt. Die Spielproben fingen schon im Sommer an und wurden sehr ernst genommen. Mein Vater war die rechte Hand und Nachfolger des «alten Selling», dem die Regie von Rudolf Steiner übertragen wurde. Die Spielkumpanei zog durch Schulen, durch Kirchenräume und Gefängnisse – bis zum Krieg, bis die Mitspieler alle ausgewandert oder eingezogen waren. Unser Leben wurde von diesen alten Volksspielen stark geprägt. Für mich waren sie die großen, erfüllenden Ereignisse

In Vaters Atelier, wo sich die anthroposophischen Freunde während der NS-Zeit trafen.

Ein noch ungetrübtes Dasein: Als Kind 1933 in Berlin.

meiner Kindheit. Mein Vater hielt viele Einzelproben in seinem Atelier ab, sie waren oft Gesprächsthema der Erwachsenen und in der Verbotszeit ab 1936 war es jedes Jahr spannend, ob sie stattfinden konnten. Mit der Begründung, es handle sich um «altes, deutsches Brauchtum», wurden sie schließlich genehmigt.

Unvergessen ist mir, wie ich eines Morgens bei meinem geliebten Onkel Bab für meinen Vater Zigaretten kaufen sollte. Das Schaufenster war eingeschlagen und der Laden leer ... Zu Flöten-, Eurythmie- und Religionsstunden musste ich an der – noch rauchenden – total ausgebrannten Synagoge vorbei. (Meine Eltern ließen mich die Fahrten durch Berlin immer alleine machen.) Beide Eindrücke verfolgten mich bis in die Träume, schlimmer als die später folgenden Bombennächte. – In Berlin waren wir vielleicht mehr als anderswo von Menschen jüdischer Herkunft umgeben, von denen einige zu den Freunden meiner Eltern zählten. Die Nervosität, die die möglichst unauffälligen Treffen in unserer Wohnung im vierten Stock erzeugte, weil man an den anderen für mich unheimlichen Wohnungstüren vorbei musste, prägte sich tief in mein kindliches Gemüt. Noch schmerzlicher in Erinnerung sind mir aber die späteren Abschiede von diesen Freunden, die mir erzählten, sie würden jetzt nach Amerika reisen und nicht wieder zurückkehren. – All die aufregenden Gespräche ließen mich die vielfältigen und unerbittlichen Risse durch diese undurchschaubare Welt spüren, allen Zwiespalt in seinen verschiedenen Erscheinungsformen.

Ausgerüstet mit der inneren Substanz meines Elternhauses, die sich am Besten ausdrücken lässt durch Worte aus meinem allabendlichen Gebet: «Gibt Furcht mir nichts; / Nur Liebe zu allem, / Was um mich ist»,³ habe ich dann den von NS-Gedankengut vergifteten Schulunterricht fröhlich überstanden. Der Umstand, dass meine Mutter unter die vielen bei Krankheit nötigen Entschuldigungen das übliche «Heil Hitler» durch «Mit deutschem Gruß» ersetzte, bekam ich allerdings deutlich zu spüren. Der Missmut schmolz, als ich achtjährig singend und flötend Lieder darstellte. Das ließ die Lehrer für Momente die politische Einstellung meiner Eltern vergessen, die sie richtig einschätzten. Im Übrigen fühlte ich mich wie eine Schülerin zweiter Klasse behandelt, obwohl ich zu jeder Schulfeier flöten musste.

Wie gespalten mein kindliches Empfindungsleben dennoch verlief, lässt sich an zwei typischen Episoden erkennen. Einmal kam ich erfüllt von einer mich begeisternden Erzählung meiner Lehrerin über irgendeine «Heldentat» Adolf Hitlers aus der Schule. Meine Familie saß bereits beim Mittagessen und freudig schmetterte ich «Heil Hitler» über den Esstisch. Mein Vater schaute mit weit aufgerissenen Augen in die Runde und sagte: «Wo ist er denn? Sage hier besser ‹Heil Sigler›!» – Die andere Episode handelt etwa zwei Jahre später von dem Einkauf meiner

1941 zusammen mit den Eltern, Gertrud und Maximilian Sigler, meinem kleinen Bruder Michael und dem «großen Bruder» Tobias Kühne.

obligatorischen Jungmädchenkluft. Eindrücklich bekam ich dabei den Widerwillen meiner Mutter zu spüren, während ich, nun zehnjährig, glücklich und stolz auf den eben erhaltenen schwarzen, engen Rock und die braune, knappe Jacke an ihrer Seite nach Hause hüpfte.

In schrecklicher Erinnerung ist mir der Tonartenwechsel zwischen den beiden Liedern des allmontäglichen Fahnenappells, zwischen *Deutschland, Deutschland über alles* und *Die Fahne hoch!* Während dieser beiden Lieder musste der schmerzende rechte Arm stracks nach vorn gehalten werden, bis die Fahne endlich die entsetzlich hohe Stange erklommen hatte. Auch der brutale Trommelrhythmus, der bei befohlenen Aufmärschen einem so elend in die Glieder fuhr, war eine echte Tortur. Nun, das hatte in dieser Form bald ein plötzliches Ende.

1939 ereignete sich etwas Einschneidendes für unsere Familie. Ein sehr naher Freund meiner Eltern war wegen seiner halbjüdischen Abstammung in psychische Bedrängnis gekommen – was ich aber nicht wusste. Er starb. Mein Vater war viele Tage bei dessen Frau und den drei Söhnen, um zu helfen. Damit sich die Witwe für eine berufliche Tätigkeit qualifizieren konnte, wurden ihre Söhne bei unseren Freunden verteilt. Wir bekamen den jüngsten. So brachte für mich diese schlimme Zeit auch etwas Erfreuliches, denn ich hatte nun über ein Jahr lang nicht nur meinen kleinen, sondern auch einen «großen Bruder», der unser Familienleben bereicherte und in spannender und nicht immer unkomplizierter Weise beeinflusste.

So steigerte sich meine Freude am Schabernack – sehr zum Verdruss meiner Mutter. Unser Familienleben musste sich ja auch in der Enge einer Dachwohnung abspielen, die neben dem großen Atelier nur noch aus einer zur Essecke ausgebauten Diele und zwei kleineren Zimmern bestand. Dieses Nest meiner Kindheit ging am zehnjährigen Jahrestag der Gründung des «Dritten Reichs» durch Bomben in Flammen auf.

Einschneidende Sommerferien

Wenigstens die Sommerwochen sollten uns ohne die ständig durch Fliegeralarm gestörten Nächte Erholung bringen, beschloss meine Mutter und ahnte nicht, dass wir nie wieder nach Berlin in unsere von Erlebnissen erfüllte Wohnung zurückkehren würden. So verbrachten wir 1942 die Sommerferien im «Warthegau» bei Posen. Dort erlebte ich eine entwürdigende Behandlung der polnischen Bauern durch die Deutschen. Scham und Zorn erfassten mich. Das waren für mich keine Ferien.

Inzwischen waren Berlins Schulen geschlossen worden. Durch die Evakuierung der Hauptstadt in einer Zeit, in der mein Vater sowie alle männlichen Freunde meiner Eltern bereits im Krieg waren, landeten wir, meine Mutter, mein fünf Jahre jüngerer Bruder und ich, in einem engen Zimmer einer ehemaligen Pension nordöstlich von Berlin. Wieder erlebte ich einen Zwiespalt, diesmal aber zwischen der herrlichen Natur der Schorfheide und der ständigen Sorge um die Soldaten im Feld sowie der Angst wegen der über uns herziehenden Bombengeschwader, die am zehnjährigen Jubiläum der «Machtübernahme» unsere Atelierwohnung in Trümmer legten. Dadurch erhielt mein Vater noch seinen letzten kurzen Urlaub, den «Bombenurlaub», um mit meiner Mutter den mit Wasser gefüllten Keller auszuräumen. Beim Abschied fuhr es durch mich hindurch: Auch er weiß, wir sehen uns auf dieser Erde nicht wieder.

Nach dem missglückten Attentat auf Hitler am 20. Juli 1944, als meine Mutter in Tränen der Verzweiflung ausbrach, trieb mich der Gedanke um, ob man wirklich einen Mord herbeisehnen darf – eine Frage, die mich in einen weiteren Zwiespalt stürzte. Als ich mir die Folgen des gescheiterten Versuchs, die Fortdauer des grausamen Regimes und die Hinrichtung der Attentäter deutlich machte, war sie nicht gelöst, die Erschütterung aber wuchs. – Viel später haben mich die wahrlich heldenhaften und dennoch erfolglosen Bemühungen der zahlreichen ernst zu nehmenden Widerstandskämpfer, die meist unter Lebensgefahr – letztlich umsonst – um Anhörung und Hilfe bei den Alliierten gebeten hatten, in tiefes Entsetzen gestürzt.[4] Die Frage kam mir auf: Welche Absichten hatten die Westmächte eigentlich mit Mitteleuropa? – Heute wird mir deutlich, wie jede Generation, je weiter unsere Zeit fortschreitet, in immer jüngeren Jahren mit ungelösten Problemen belastet wird.

Die Sorge wegen der anrückenden Russen veranlasste meine Mutter, Ende Februar 1945 mit uns Kindern die Fahrt in die Nähe von Stuttgart auf sich zu nehmen, in die schwäbische Heimat meines Vaters, in der Hoffnung, nach dem Krieg dort mit ihm zusammenzutreffen. Meine Mutter erlebte die Sterbestunde ihres Mannes in ahnungsvoller Deutlichkeit. Doch erschien dies als Irrtum, als wenig später ein Funkspruch mit Weihnachtsgrüßen von der Westfront eintraf, der erst einen Tag nach seinem Tod abgesandt worden war. Dies gab ihr Hoffnung und Kraft, sich aufzumachen und die östlichen Gefilde zu verlassen. Solche fürchterlichen «Reisen in letzter Minute» sind schon oft beschrieben worden.

Es war eine Reise aus einer Welt der gefühlsaufrüttelnden Ungewissheit in eine scheinbare Sicherheit, die uns dort als Stimmung empfing – eine Stimmung, die nicht gestört sein wollte und sich wenigstens für einige Wochen hielt. Es schien mir eine Reise in eine andere Welt zu sein. Durch die großen Flüchtlingsströme aus den östlichen Gebieten fing man in ganz Deutschland an, die Gegensätze von Ost und West überhaupt erst wahrzunehmen. Nicht immer fühlte man sich dabei als ein

Abschied vom Vater – er blieb für immer!

«einig Volk von Brüdern». Die Heimatlosen, Besitzlosen hatten oft einen schweren Stand.

Doch das Ende des Krieges, das so viel Verwirrung stiftete, war ein allgemeines, mächtiges Aufrütteln und brachte für die wacheren Menschen eine größere Unabhängigkeit vom eigenen Volksstamm, von ihrer sie ehedem umhüllenden Landschaft, ja sogar von Familienzusammenhängen. Am Einschneidendsten war jedoch die allmähliche Abkehr von jeglichen nationalen Gefühlen. Erzwungenermaßen war nun erreicht, was Deutschland auf andere Weise hätte entwickeln sollen.

Eine Jugend im Nachkriegsdeutschland

Bedingt durch die Kriegsverhältnisse herrschte überall Mangel an ärztlicher Versorgung. So war ich wegen einer Mittelohrentzündung über neun Monate taub, was das Empfinden des Fremdseins in der süddeutschen, bäuerlichen Umgebung noch verstärkte, denn ich konnte die schwäbische Mundart nicht von den Lippen ablesen. In der Schule galt ich deshalb als dumm und man setzte mich in die hinterste Reihe.

Während des langen Schulweges veranlassten mich Tiefflieger immer wieder, vom Fahrrad in den Straßengraben zu springen. Aus dieser Deckung sah ich einmal eine Frau aus dem Fenster schauen. Plötzlich heulte es von oben unmäßig, es durchdröhnte meinen ganzen Körper und was ich mit meinem minimalen Gehör wahrnahm, durchfuhr mich wie ein schneidender Schmerz. Ich verkroch mich tiefer. Anschließend sah ich die Mauer um das Fenster durchlöchert. Ein andermal sah ich jemanden in einen Heuhaufen schlüpfen, der vom Flugzeug aus beschossen wurde. Ich hatte nicht die Kraft, danach zum Heuhaufen zu gehen. Stattdessen radelte ich zitternd nach Hause. – Sollte man nun mehr Angst vor den Russen haben, vor denen wir gerade geflohen waren, als vor den Amerikanern? – Bald, nach nur wenigen Wochen, sahen wir heruntergekommene, abgerissene und gehetzte Soldaten in schäbigen Fahrzeugen oder zu Fuß über die Straßen eilen, auf Befehl mit lautem Getöse und riesigen Staubwolken noch alle Neckarbrücken hinter sich sprengend – dann war der Krieg aus, das vorzeitige Ende des «Tausendjährigen Reiches» war gekommen.

Einige Monate des Hungerns mussten in erduldeten Notunterkünften in unserem Dorf Wendlingen überstanden werden, wo zum Glück einmal auch ein Klavier stand. Im Dorf jenseits des Neckars, in Köngen, lebte eine gute, aber zur Untätigkeit verurteilte Pianistin, die ebenfalls in diese Gegend verschlagen worden war und nun ihre ganze wunderbar künstlerische Energie auf mich konzentrierte. So überbrückte ich die schulfreien Monate sehr aktiv mit Musik. – Die Besitzer unserer Notunterkunft, die auf die Alb geflüchtet waren, hatten ganz hinten im Geschirrschrank eine Tüte mit Trockenobst und eine mit Würfelzucker versteckt. Diese blieben mir nicht verborgen. In Schwächezuständen, wenn ich während des Klavierübens vom Hocker zu fallen drohte, stibitzte ich entweder drei getrocknete Apfelstückchen oder aber zwei Stücke Zucker. Zu meinem Erschrecken nahm der Zucker rapide ab, sodass ich meiner Mutter angstvoll meinen Raub beichtete. Daraufhin gestand sie mir schamvoll lächelnd, dass auch sie in der Not von dem Zucker genommen und mit Entsetzen seinen raschen Schwund wahrgenommen hatte. Selten haben wir in dieser Zeit so gelacht wie bei dieser Entdeckung.

Nun durfte ich endlich in die Waldorfschule, die mir in Berlin (dort Rudolf-Steiner-Schule genannt) verwehrt worden war, denn diese musste schon 1936 schließen. Meine tapfere Mutter erkämpfte für mich in Stuttgart einen Platz in einer völlig überfüllten neunten Klasse, indem sie fragte, wie viele Schüler denn für diese angemeldet wären. Die Zahl 49 machte sie jubeln, denn, so sagte sie den Lehrern, es seien ja immer zwei Plätze in einer Schulbank und da wäre gerade ein Platz für ihre Elisabeth noch übrig! Da gaben sich die Lehrer lachend geschlagen. Ich kam in eine wunderbare Klasse – nach nun sechzig Jahren lieben wir uns noch immer.

Mit großem Enthusiasmus traf sich die künftige Oberstufe einige Wochen vor dem Schulbeginn, um täglich als Erstes den

Schutt auf Tragbahren und mit rhythmischen Gesängen wie «umba – umba – umba ...» aus dem zerstörten Gebäude herauszuschaffen. In einer langen Schlange, von der Straße über die Treppe und den Schulhof, warfen wir uns Ziegel zu, bis diese irgendwie auf dem Dach landeten, das notdürftig nur das Untergeschoss abdecken sollte. Es war eine Hochstimmung. Alle schienen sich schon lange zu kennen, alle hatten kaum etwas zu essen und alle freuten sich unbändig auf unsere Schule!

Es begannen die abenteuerlichsten Schulfahrten, bei denen täglich etwas Aufregendes passierte. Klapprige, ungeheizte Züge mit verbretterten Fenstern, überfüllt und verspätet, fuhren nur bis Cannstatt, da die Neckarbrücke gesprengt war. Es führte nur ein schmaler Holzsteg über den Fluss, den wir Schüler im Wettlauf erreichten, um auf der anderen Seite wenigstens einen Platz auf dem Trittbrett der Straßenbahn zu ergattern. Klaus Lange, damals sechzehnjährig (er wurde später Waldorflehrer in Ulm), war unsere Rettung. Gerade war er mit Lumpen umwickelten Füßen und einem Blechnapf um den Hals nach langer Wanderung aus der französischen Gefangenschaft zurückgekommen. Zufällig hatte ich ihn beim Blick aus dem Fenster entdeckt, wie er abgerissen, aber mit leuchtenden Augen die ihm unbekannte neue Behausung seiner Eltern suchte, die auch vor Kurzem erst hierher geflohen waren. Nun fuhr er glücklich mit uns zur Schule. Er stellte sich auf die äußerste Kante des Trittbretts, und fuhr die Straßenbahn an einem Laternenmast vorbei, rief er: «Jetzt!», und schwungvoll drückte er, sich mit beiden Händen rechts und links an den Griffen haltend, die ganze Gruppe kleinerer Schüler in die Türöffnung, während sein Rücken haarscharf am Mast vorbeiglitt. Wenn der Zug Verspätung hatte und mir die Stunden der Mathematik-Epoche bei Ernst Bindel bevorstanden, schob Klaus mich in rasantem Tempo, drei Stufen auf einmal nehmend, die 356 schiefen, bombengeschädigten Stufen der Sängerstaffel zur Haußmannstraße hinauf, denn bei Ernst Bindel

Lehrer, die mich prägten: Ernst Bindel, Johannes Tautz und Erich Schwebsch.

galt keine Entschuldigung, auch nicht eine Zugverspätung. Jedoch wurden wir für seinen heiligen Zorn durch das engagierende Miterleben seiner Entdeckung der Gesetzmäßigkeiten der Cheops-Pyramide reichlich entschädigt: Tag für Tag erschien das Neueste vor unseren erstaunten Augen, das er schwungvoll mit ausgreifenden Bewegungen, mit Zirkel und Lineal an die Wandtafel zauberte. Zwischendurch wischte er sich, um ja keine Zeit zu verlieren, seine Kreidefinger mithilfe von Spucke an seinem einzigen noch erhaltenen Anzug ab, einem schwarzen Frack, an dem die Rockschöße bei jeder temperamentvollen Drehung nur so flogen. Schöner kann man sich die Offenbarung des Goldenen Schnitts, der in der Cheops-Pyramide verborgen liegt, wirklich nicht vorstellen! Mit hochrotem Gesicht, hochstehenden Haaren und schwarz-weiß meliertem Frack verließ diese eindrucksvolle Persönlichkeit nach so einer Stunde das Klassenzimmer.

Die begeisternde Lehrerschaft und die Freude der Schüler, die nun in ihren selbst hergerichteten Räumen saßen, in die es ab und zu hereinregnete, wo in der Mitte ein kleines eisernes Öfchen stand, zu dessen Fütterung wir täglich ein Brikett mitbringen mussten, dann der aus der Not geborene Unterricht, in total überfüllten Klassenräumen eine begeisterte und dankbare Schülerschaft, mühsam durch sehr mäßige Schülerspeisung von der Stadt ernährt – es war eine absolute Aufbruchstimmung! In ihr konnten sich lebensbestimmende Ideale bilden: Bei Erich Schwebsch nahmen wir die Goethe-Schiller-Novalis-Zeit tief in uns hinein und uns erfüllte nun ein ganz anderes Deutschtum als dasjenige, was wir vorher kennenlernen mussten. Bei Johannes Tautz hatten wir im Geschichtsunterricht die Gelegenheit, in heißen Diskussionen all die Gräuel, die jeder Schüler auf irgendeine Weise gerade erlebt hatte, zu besprechen. Mit seiner Hilfe wurde es möglich, uns mit der Unbegreiflichkeit des Naziregimes auseinanderzusetzen. Unvergesslich sind mir Rudolf Steiners Worte: «Der deutsche Geist hat nicht vollendet, / Was er im Weltenwerden schaffen soll. / Er lebt in Zukunftsorgen hoffnungsvoll, / Er hofft auf Zukunfttaten lebensvoll».[5] Johannes Tautz schrieb sie der neunten Klasse eindringlich ins Herz. Heiß brannten die Judensterne meiner Berliner Kindheit, die eingeschlagenen Schaufensterscheiben und die ausgebrannte Synagoge, an der ich so oft vorbei musste, in meiner Seele. Der Verlust des Vaters meiner Freundin durch den Tod im KZ schien mir grausiger als der Verlust meines eigenen Vaters, von dem wir einige Tage vor meiner Konfirmation erfuhren und den wir – mithilfe vieler lieber Menschen – zu verkraften hatten. Ein tief in mein Lebensgefühl eingreifender Glanzpunkt meiner Schulzeit war das Erlebnis der Parzival-Dichtung Wolframs von Eschenbach, ergänzt durch die Gegenüberstellung des Wagner'schen Parsifal, den Erich Schwebsch am Flügel interpretierte und dessen Hauptthemen mich tief berührten.

In Gesprächen mit meiner Mutter erfuhr ich von den für mich unbegreiflichen Auseinandersetzungen innerhalb der Anthroposophischen Gesellschaft und ihres Vorstands, die mich angesichts der Notlage, in der wir doch alle steckten, sehr aufregten. Ab und zu mussten wir auf Erich Schwebschs Unterricht verzichten, wenn er einmal wieder mit Emil Bock nach Dornach fahren musste, um dort mit dem Vorstand zu verhandeln und zu schlichten. Und immer wieder hörte ich meine Mutter erzählen, wie in zurückliegender Zeit die nun verstorbene Ita Wegman fast als Einzige unter den Mitgliedern des ehemaligen Dornacher Vorstandes mit Rat und vor allem mit Tat den Anthroposophen, speziell den Heilpädagogen, die während des Dritten Reichs mit dem Problem der Euthanasie konfrontiert waren, beistand und zu Rettungsaktionen – auch jüdischer Kinder – beitrug. Jegliche anthroposophische Aktivität war mit Lebensgefahr verbunden. Und nun musste ich erfahren, wie eine neue Art von Spaltung nach dem Krieg immer sichtbarer wurde, und ich sah bei den Freunden meiner Mutter, wie dadurch schmerzhafte Wunden entstanden.

Zu all dem kam, als ich in der elften Klasse war, eine große Erschütterung auf familiärer Ebene hinzu, da meine geliebte Mutter, die die letzten Jahre so unglaublich tapfer gewesen war, eine Freundschaft zu einem meiner Klassenkameraden begann, die zwölf Jahre andauern sollte. In ihr holte sie wohl ihre verlorene Jugend nach, was ich aber erst später verstand und in meiner damaligen Gefühlswelt große Enttäuschung hervorrief. In mir selbst entstand ein Riss. Ich pendelte zwischen einem mir widerwilligen Hass gegen meine Mutter und dem Gefühl, wie eine große Schwester für sie da sein zu müssen. Daneben musste ich mich unauffällig schützend vor meinen jüngeren Bruder Michael stellen, der sehr musikalisch und sensibel war.

Mit dieser Verwandlung meiner sonst so ernsten und strengen Mutter endete die Unbeschwertheit meiner Jugend, die sich trotz aller Zwiespalte, trotz aller Extremsituationen, im Guten wie im Schweren bis dahin noch erhalten hatte, und ich durchlebte nun in der intensiven Beschäftigung mit Friedrich Hölderlin meine für dieses Alter typischen Weltschmerzstimmungen.

Michael Ende stärkte mich in meiner Liebe zu Hölderlin, die damals selbst bei Lehrern auf ein gewisses Unverständnis stieß, und gab mir damit einen gewissen Trost. Ende war in der elften Klasse zu uns gekommen, uns altersmäßig und menschlich weit voraus, und wirkte zwischen uns wie ein erfahrener, alter Lebemann, immer von einer Alkohol- und Allwissenheitswolke umhüllt.

In meiner Verzweiflung grub ich das folgende Gedicht Hölderlins tief in mein Herz – in tränenreichen Nächten:

LEBENSLAUF

Größeres wolltest auch du, aber die Liebe zwingt
All uns nieder, das Leid beuget gewaltiger,
Doch es kehrt umsonst nicht
Unser Bogen, woher er kommt.

Aufwärts oder hinab! herrschet in heil'ger Nacht,
Wo die stumme Natur werdende Tage sinnt,
Herrscht im schiefesten Orkus
Nicht ein Grades, ein Recht noch auch?

Dies erfuhr ich. Denn nie, sterblichen Meistern gleich,
Habt ihr Himmlischen, ihr Alleserhaltenden,
Dass ich wüsste, mit Vorsicht
Mich des ebenen Pfads geführt.

Alles prüfe der Mensch, sagen die Himmlischen,
Dass er, kräftig genährt, danken für alles lern,
Und verstehe die Freiheit,
Aufzubrechen, wohin er will.

Die ersten eigenen Entscheidungen

Eigentlich wollte ich nach der Schule in die Ostzone, wie es damals noch hieß, und zwar in das anthroposophisch geführte heilpädagogische Heim «Schloss Gerswalde» für Kinder und Jugendliche mit Behinderungen. Warum? Ich wollte teilnehmen am Schicksal Mitteleuropas. In jedem jungen Menschen ist ja die Sehnsucht nach Zeitgenossenschaft in anderer Weise wirksam. Und nun war die schier unüberwindliche Grenze mitten durch Deutschland gezogen – als Fazit einer unerbittlichen Schuld. Ich empfand diesen Schnitt nicht nur als die Folge des verlorenen Krieges, ich empfand ihn als die nach außen gestülpten, zusammenfließenden Spaltungstendenzen, die auf so vielen Ebenen in den letzten Jahrzehnten wirksam waren. Nun herrschte kalte Unmenschlichkeit, verordnete Feindseligkeit, eine eiserne Grenze zog sich mitten durch das Herz Mitteleuropas. War mir doch in der Schule im Deutschunterricht aus allem so einleuchtend erschienen, dass Deutschland eigentlich dazu bestimmt sei, eine Vermittlerrolle zwischen den umgebenden Völkern zu spielen und vor allem für eine Verständigung zwischen den östlichen und westlichen Ländern zu sorgen, nicht nur wegen seiner Lage, sondern vor allem einer Wesensveranlagung folgend. Aus den in meiner geliebten Waldorfschule entfachten Idealen fasste ich den Entschluss, irgendetwas in dieser Richtung zu tun, eben einen kleinen Beitrag zu leisten, sei er noch so gering. Ein feuriger Zukunftswille hatte mich erfasst.

Wie so manche Menschen meiner Generation fühle ich bis heute untergründig eine Art Schuld, vor allem wegen der Verbrechen an den Juden im «Dritten Reich». Mit welchen Altersgenossen ich auch spreche, denen es genauso ergeht – ganz können wir uns dieses Schuldgefühl nicht erklären. Es wird nicht weniger durch Überlegungen wie diese, dass wir ja noch Kinder waren oder dass selbst einflussreiche Menschen angesichts dieser und anderer Katastrophen machtlos waren. Jenes Gefühl bleibt. Karl Jaspers beschreibt es 1946 in seiner Schrift *Die Schuldfrage* als «weder juristisch noch politisch, noch moralisch zu ergründen». Er nennt es «eine metaphysische Schuld, die zur Folge eine Verwandlung des menschlichen Selbstbewusstseins vor Gott» habe. Für mein Empfinden ist diese «Verwandlung» in mir zu einer Ahnung meiner Beziehung zu unserem Volksgenius geworden.

Aus all diesen Empfindungen heraus wollte ich also im Osten Deutschlands solange etwas Sinnvolles tun, bis ich in meinen so sicher gefühlten Lebensberuf, in meine geliebte Eurythmie, einsteigen könnte, bis ich innerlich einigermaßen dazu vorbereitet sein würde. Eurythmie-Unterricht hatte ich seit meiner frühesten Kindheit, erst privat bis zum Verbot in der NS-Zeit und dann wieder in der Waldorfschule, wo Eurythmie ein obligatorisches Fach ist. Diese von Rudolf Steiner inaugurierte Bewegungskunst berücksichtigt nicht nur die Gebärden des Körpers, sondern strebt auch die Empfindung der Verwandlungen des Raumes an und zaubert – wie die Musik – innere Erlebnisräume. Die Eurythmie bringt diese inneren musikalischen Räume zur äußeren Anschauung. Ebenso erscheint der innere Gehalt einer Dichtung – sei es ein lyrisches, episches oder dramatisches Werk aus vergangener oder heutiger Zeit – als bewegte Gestalt durch die Qualität des Rhythmus, der Laut- und Sprachempfindungen, durch den Ausdruck des ganzen Menschen, während Geistig-Seelisches, den Raum verwandelnd, äußerlich sichtbar wird. Der Anblick eines jeglichen leeren Raumes erzeugte in mir ein schier unbezwingbares Bedürfnis, ihn mit meinen Bewegungen zu erfüllen.

Am Ende meiner Schulzeit erzählte ich Johannes Tautz, dass ich den Teil Deutschlands kennenlernen wolle, in dem die Wunden des Krieges, die Versäumnisse und Spaltungen noch nicht so schnell vernarben durften wie bei uns auf der westlichen Seite. Er reagierte wunderbar nüchtern und war keinesfalls begeistert von meinem Plan – ebenso wenig Karl Schubert, zu dem er mich schickte. Letzterer schlug mir vor, nach England zu gehen. Man könne Deutschland viel besser kennenlernen, wenn man es erst einmal von außen betrachten würde. Außerdem gab er dem Kinderheim Gerswalde unter dem kommunistischen Regime keine lange Lebenszeit. In beidem sollte er recht behalten.

Es schien, als sollte ich zum Schritt in das «andere Deutschland», den ich später vollzog, vom Schicksal noch ganz anders ausgerüstet werden.

England – eine Zeit der Selbstfindung

Trotz einer Jugendliebe und trotz der Sorge um Mutter und Bruder reiste ich im Spätsommer 1949 nach England. Als meine Fahrkarte bezahlt war, behielt meine Mutter noch knapp fünf Mark in ihrem Portemonnaie.

In den zwei Jahren meines Aufenthalts in England lernte ich die verschiedensten Milieus kennen. Als Erstes kam ich in eine liebenswerte, aber recht chaotische Familie: Die Mutter war ehemals Schauspielerin und ihren vier kräftigen und eigenwilligen Kindern, alle noch nicht schulpflichtig, kaum gewachsen, schon gar nicht dem Haushalt. Die völlig erschöpfte Frau ging früh zu Bett. Ich sehe mich noch zusammen mit dem Familienvater, der als Pfarrer der Christengemeinschaft[6] meist erst spät nach Hause kam, bis tief in die Nacht die Windeln spülen, nachdem sie ausgekocht waren, und den Tagesabwasch machen. Dort in der kleinen Küche profitierte ich davon, dass er in seinen vielen von ihm zu betreuenden Gemeinden Mittelenglands gerade ein Seminar über den *Faust* abhielt, der als eine aus dem echten Deutschtum geborene Schöpfung für mich einen wahrhaft kosmopolitischen Charakter annahm.

Bei der originellen Zusammensetzung dieser verschiedenartigsten Beschäftigungen lernte ich auch den herrlichen englischen Humor kennen, mit dem es gelingt, sich über alle Unbilden des Lebens zu erheben und Abstand zu sich selbst zu finden. Nach dramatischen Szenen der Mutter wegen der etwas zu intensiven Zuwendung des Vaters zu mir und den sich daraus ergebenden Spannungen – selbst für die Kinder –, musste ich mich nach neun Monaten entschließen, diese aufregende Familie zu verlassen.

Ich landete daraufhin in einem «spukenden» Schloss, welches damals der Christengemeinschaft als Studienstätte und Ferienhaus diente. Schwere, klirrende Tritte und rasselnde Geräusche wurden um Mitternacht in einem bestimmten Zimmer wahrgenommen, wie verschiedene Gäste unabhängig voneinander berichteten. O Wunder, man entdeckte auf einem uralten Grundriss-Plan just neben diesem besagten Zimmer eine jetzt nicht mehr vorhandene Wendeltreppe. Die Sage wusste zu erzählen, dass ein Fluch auf diesem Schloss lastet, da ein sterbender Bischof, der sich in alten Zeiten der English Church nicht fügen wollte und trotz der jetzt noch vorhandenen unterirdischen *secred passages* seinen Häschern nicht entkommen war, bei seiner Ermordung ausgerufen haben soll: «Nicht eher werde ich Ruhe geben, bis eine neue und wahre Kirche in dieses Gebäude einzieht!» Durch allabendliche Andachten sind die geheimnisvollen Geräusche nach und nach weniger zu hören gewesen und zuletzt tatsächlich verschwunden.

Eine sehr gebildete Frau, die ich dort kennen und verehren lernte, sorgte mit Hingabe für die Reinlichkeit, um guten Geistern den Raum zu bereiten, damit sie helfen könnten, wie sie mir sagte. Sie veranlasste, dass bei künstlerischen Veranstaltungen Blattgemüse gekocht wurde, während zu solchen, bei denen man seine Gedanken anstrengen musste, Wurzelgemüse zubereitet wurde. Das Weisheitsvolle bis in die Praxis hinein hat mich überzeugt. – Dann kamen einige deutsch-jüdische Emigranten zu Tagungen, Seminaren und Vorträgen und ich konnte neben der anstrengenden Hausarbeit reichlich Denkanstöße aufnehmen. Auffallend war, dass die englischen Geistesgrößen, die sich ebenfalls hier einfanden, sich nicht scheuten, beim Abwaschen und Stühle-Stellen ganz selbstverständlich mit Hand anzulegen.

Um endlich einmal anthroposophischen Verhältnissen zu entfliehen, um zu erproben, ob ich darin wirklich meine Heimat hätte – schließlich wollte ich der Eurythmie mein Leben widmen –, reiste ich eines Tages auf gut Glück einfach nach London. Ich fand bei den Quäkern eine erste Herberge, in der ich vielen interessanten Menschen aus aller Herren Länder begegnete. Von dort wurde ich auf einen Bauernhof vermittelt, der von einer eben erkrankten Architektin und einem ehemaligen Opernsänger bewirtschaftet wurde. Letzterer hatte im Krieg völlig unvorbereitet diese Aufgabe übernommen, um dem Militärdienst zu entgehen. Dort beglückte mich ein fünfjähriges Mädchen, welches offensichtlich mit den originellsten Elementarwesen einen für sie selbst überraschenden Umgang pflegte. Sie freute sich, endlich jemandem von ihren abenteuerlichen Erlebnissen erzählen zu können, wurde ich doch als Kind auch von einem «flammenden, feurigen Männlein» mit Namen Püpee begleitet. Ich fühlte mich beschenkt.

Ebensolches Glück widerfuhr mir später in London in der Familie eines Botschafters, in der ich außerdem die Hautevolee Londons und deren Umgangsformen kennenlernte. Auch da gab es eine kleine, fünfjährige Tochter, die so gern zu mir in die Küche kam, um von den sie umgebenden Wesen zu erzählen. Nun erlebte ich mit, wie der Vater in eine psychotherapeutische Heilanstalt musste – niemand der Bekannten durfte die wahre Ursache seiner Abwesenheit erfahren. Einmal war er entlaufen und tauchte eines Abends, während seine Frau abwesend war, bei uns auf, und ich erlebte ein Gespräch zwischen Vater und Tochter über ihre beider Erlebnisse mit Elementargeistern, wo sie wann welche gesehen hatten. Mir erschien in diesem Moment der Vater so wunderbar, so großartig, wie er sich in seiner herkömmlichen Umgebung niemals zeigen konnte.

Ich genoss Opern- und Theateraufführungen, Konzerte und Museen. Neben dem Besuch von Gottesdiensten der verschiede-

1949 in England.

nen Kirchen Englands oder auch der Quäkersitzungen sang ich eine Zeitlang in einem Chor unter dem damals berühmten Komponisten Alan Bush, der als überzeugter Marxist bekannt war. Wir sangen auch bei kommunistischen Veranstaltungen, bei denen mich schreiende Reden an meine widerliche Jungmädchenzeit erinnerten; trotz ähnlichem Duktus waren es nur eben andersartige Inhalte. – Als Deutsche wurde ich bei jeder neuen Begegnung erst einmal als Nazi klassifiziert. Das war eine unangenehme, aber wichtige Erfahrung.

Nachdem ich bei einer Tramp-Tour durch ganz England, von Cornwall bis hinauf nach Schottland, dieses Land in mich aufgenommen hatte, so stark, dass ich beispielsweise in Wales gar nichts mehr von unserer technisierten Welt wissen wollte, gab ich mir dennoch einen Ruck und kehrte nach Deutschland zurück, um das Eurythmie-Studium zu beginnen. Den Weg nach Hause nahm ich über Dünkirchen, wo ich meines Vaters Grab aufsuchte. Doch näher war ich ihm im Anblick des Meeres, von dem er mir so viel geschrieben hatte. Lange saß ich zwischen den Dünen. Riesige Stacheldrahtverhaue rollten sich mir zu beiden Seiten im Sand – rostige und verwitterte Überbleibsel der Invasion 1944.

Dann ging es nach Paris. Durch einen Klassenkameraden, der dort Malerei studierte, geriet ich mitten hinein in das Künstlermilieu mit seinen rauschhaften Festen und seiner produktiven Melancholie. Es war eine Atmosphäre zum Verlieben, zum Schwärmen, zum Diskutieren bis tief in die Nächte. Was ist Liebe – was ist Kunst ...?

Eine Schar junger Künstler brachte mich und mein Gepäck bei strömendem Regen zum Nachtzug in Richtung Heimat. Sie winkten mir, zwischen den Pfützen stehend, noch lange nach. Uns verband das euphorische Gefühl, dereinst durch unser zukünftiges Künstlerleben die Welt zu verändern. Der Wunsch, die äußerliche Welt zum «Eigentlichen» hin zu durchbrechen, und die Sehnsucht nach wahrhaftiger Brüderlichkeit – beides durchglühte unser grenzüberschreitendes Lebensgefühl.

Als ich morgens aufwachte, stiegen «Deutsche nach der Währungsreform», «Neureiche», in mein Abteil. Diese glatten Gesichter, diese nichtssagenden Reden – ich hatte etwas anderes erwartet. An den Bahnhöfen aus dem Fenster blickend, schlug mir, während ich das damals noch karge Leben in England und nun auch die improvisierenden jungen Franzosen noch im Sinn hatte, die Stimmung des deutschen, nun amerikanisierten Wirtschaftswunders schockartig und penetrant entgegen. Es war ein Erlebnis, das meine weiteren Lebensentschlüsse stark beeinflussen sollte.

Eurythmie-Studium in Köngen – Finde ich meine Lebensmotive?

Die einmalige Umarbeitung und Durchbildung des Menschen, die ein Eurythmie-Studium bewirken kann, begann für mich im Herbst 1951. Um es finanziell möglich zu machen, musste ich in die enge mütterliche Behausung ziehen und neben der Eurythmie den Haushalt besorgen, während meine Mutter mit Massagen das Geld verdiente und an einigen Tagen in der Woche auf dem Engelberg bei Schorndorf in der dortigen Waldorfschule Heileurythmie[7] gab. Mein inzwischen groß gewordener Bruder Michael fuhr vorerst noch zur Schule nach Stuttgart. Wenn er zu Hause war, stand er großmächtig inmitten unserer winzigen Wohnung und übte Geige. Und wenn ich den Tisch decken wollte, musste ich samt Tablett unter seinem Geigenbogen durchkriechen. Das tat ich gern, da er unser Leben feurig durchtönte. Er wurde später Geiger. Ich kochte auch für ihn, während meine Mutter so manches Mal mit ihrem jungen Freund übers Wochenende oder auch in die Ferien zu meinem großen Unbehagen auf dem Motorrad wegfuhr. – Ein schmales Taschengeld konnte ich mir mit Nähen erwerben, was ich in den letzten zwei Schuljahren hatte lernen können. Dadurch war es mir möglich, mich später als Eurythmie-Garderobiere nützlich zu machen und damit meine Bühnentätigkeit zu finanzieren – und meine geliebte Meisterin, Else Klink, recht innig kennenzulernen.

Es war eine besondere Gnade, mit voller Hingabe – trotz aller Härte, trotz aller Tränen – studieren zu dürfen, dabei eine geniale Künstlerin als Ausbilderin zu haben, der man alle Schwächen – wenn auch manchmal mühsam – verzeihen konnte. Wir ahnten ihre intensive geistige Arbeit. Alles war in Entwicklung, und diese schlug sich im konzentrierten Unterricht nieder, der uns über uns selbst hinaushob. Vor allem ihre Bühnenschöpfungen hatten quellenden spirituellen Hintergrund, der uns das Höchstmögliche abverlangte. – Fantasievolle, berauschend schöne Feste wurden gefeiert und viele bedeutende Persönlichkeiten wurden zu Vorträgen und Seminaren eingeladen. Besonders eindrucksvoll war Margarita Woloschin: Wenn sie vom Erzengel Michael sprach, dann war der Raum erfüllt von konkreter Geistigkeit. Nicht zuletzt seien die eurythmischen Darbietungen Else Klinks erwähnt, die wirklich Unsichtbares in der Sichtbarkeit erscheinen ließen und sich bei den Totenfeiern zur Vermittlung der übersinnlichen Welt steigerten.

Unsere Ausbildung fand in recht einfachen Baracken statt, die durch das innere Geschehen für uns in voller Schönheit erstrahlten, vor allem in der Erinnerung. – Worin bestand dieses innere Geschehen? Menschen bemühten sich, mit ihrer ganzen Gestalt Prozesse in Bewegung zu bringen, die auch unsere Welt als Schöpfungsprozesse durchziehen. Da sind die Raumeskräfte, die einmal als strahlige, ein andermal als umhüllende Bewegungsspuren sichtbar sind. Im Mineralreich zeigen sie sich in den kristallinen, unbelebten Formen, als belebte Formen hingegen in der Pflanzenwelt im Blatt- und Blütenbereich. Bei den Tieren erscheinen sie als Strahliges oder Geborgenes – beim Igel oder bei der Schnecke offenbaren sich sogar beide Tendenzen zugleich. Das Seelenleben des Menschen mit seinen Gesten spielt sich ständig zwischen diesen Polaritäten ab, welche Grundlage jeglicher künstlerischen Ausdrucksformen sind, gesteigert bis zur Polarität von Lebens- und Todesprozessen.

Hinzu kommen die Qualität bildenden Zahlenverhältnisse, die im Eurythmischen durch Raumformen solistisch oder in Gruppenbewegungen zum Ausdruck kommen. So wie beispielsweise eine Rose Ausdruck einer Fünfheit ist im Gegensatz zur

Sechsheit einer Lilie, können wir in der Eurythmie diese geometrischen Verhältnisse im vergegenwärtigten Strom des Werdens und Vergehens gestalten. Im rhythmischen Geschehen erfassen wir Zeitqualitäten der Sprache und auch der Musik, mit welchen wir uns ganz erfüllen – ja wir bemühen uns, sie selber zu sein.

Dass Weltgesetzmäßigkeiten im Menschen verborgen sind, die nun durch meine Bewegungen in die Erscheinung treten, und zwar so individuell als möglich, erzeugte in mir das Empfinden, den schönsten Beruf zu erlernen, den es überhaupt gibt. Aber auch das Wirkende, das sowohl in den Elementen als auch im Menschen als Festes und Fließendes vorhanden ist, ebenfalls als ein- und ausströmende Luft oder als die uns erhaltende Wärme, kommt in der eurythmischen Gestaltung zum Ausdruck. Wir finden diese Elemente in den Sprachkräften der Konsonanten, während die inneren Licht- und Dunkelkräfte farbig klingend in den Vokalen wiedergefunden werden. All dies kann von uns mit Eurythmie in atmende Bewegungen überführt werden, weil auch wir aus diesen Kräften geworden sind. – Angesichts dessen fuhr eines Tages blitzartig der Gedanke in mich ein: Du bist ja selbst ein Stück Logos!

Damals gab es noch nicht so viele Eurythmisten, deshalb wurden einige Studenten aus dem obersten Kurs schon bei Aufführungen eingesetzt. So kam es, dass ich noch vor meinem Abschluss ein sehr erfülltes Leben genoss. Bei einer dreiwöchigen Tournee gaben wir bis zu achtzehn Aufführungen und ich hatte dazu noch die Verantwortung für die Eurythmie-Kleider. Als ich dann der Bühnengruppe fest angehörte, zog ich in die Wohnbaracke um und wohnte gleich neben der Garderobe. Manchmal fand Else Klink drei Tage, bevor wir uns auf die Reise begaben, dass fünfzehn Kleider ihren Vorstellungen nicht mehr entsprechen. Also fuhr sie mit zweien von uns schnell nach Stuttgart, um neuen Stoff zu kaufen. Dann mussten wir zwischen den sehr anstrengenden letzten Proben, auch nachts, diese Kleider nähen, anprobieren, ausprobieren ... Trotz der Erfolge und damals vollen Sälen – tief im Innern wusste ich, dies erfüllt auf die Dauer nicht mein tiefstes Lebensanliegen. In mir war ein vage gefühlter Wunsch, Kunst und Soziales zu verbinden.

Schweren Herzens wurde ich Mitglied der Anthroposophischen Gesellschaft, soll diese doch, wie es Rudolf Steiner formulierte, «eine Vereinigung von Menschen sein, die das seelische Leben im einzelnen Menschen und in der menschlichen Gesellschaft auf der Grundlage einer wahren Erkenntnis der geistigen Welt pflegen wollen».[8] Ich meinte, dies mit der Eurythmie zu erreichen. – Gleich nach dem Eintritt fuhr ich in die Schweiz, nach Dornach, um eine Wahrnehmung vom Zustand ihres Zentrums zu bekommen. Diese Wahrnehmung war niederschmetternd. Dennoch fühlte ich ohne jede Frage den Unterschied zwischen der alles erneuernden Aufgabe der Anthroposophie als Geistesströmung und den sich quälenden Menschen, die sie zu dieser Zeit in der ihrer Meinung nach jeweils einzig richtigen Art vertreten wollten. Damals sagte ich mir, dass ich eben auch in diesem Zusammenhang Zeitgenosse bin und fragte mich, ob ich nicht an einer überpersönlichen Ursache der Schwierigkeiten mitzutragen habe. – Die politischen Geschehnisse der letzten Jahrzehnte, das Rätsel, warum Deutschland nun auch noch die Auseinandersetzung mit dem Kommunismus auferlegt wurde, all dies schien einen Riss durch dieses Land zu bewirken, den ich als konsequente Auswirkung von inneren Vorgängen erlebte. Dieser Riss war auch meine Wunde, ein Schuldgefühl, ein Stachel, der mich zu etwas antreiben wollte.

An äußere Notwendigkeiten fühlte ich mich nicht gebunden. Da ich die Eurythmie über alles andere stellte, war ans Heiraten gar nicht zu denken, und so verließ mich mein geliebter Freund, der so schön Cello spielte, schon in meinem zweiten Studienjahr. Mit der Hilfe von Else Klink konnte ich meine Schaffenskraft steigern: Nie werde ich vergessen, wie sie eines

Else Klink, 1953 – weltoffen, verlangte von ihren Schülern das Äußerste bei gleichzeitiger Freude und größtem Ernst.

Morgens aufrecht mit ausgebreiteten Armen vor mir stand und mit leuchtenden Augen zu mir sprach: «Durch Widerstand wird man stark!»

Die Zeit danach behandelte sie mich nicht gerade zimperlich und sie korrigierte mich in einem fort. Eines Tages fragte sie mich mitten in einer Unterrichtsstunde ganz unvermittelt: «Elisabeth, willst du dein ganzes Leben lang Eurythmie machen?» Ich spürte einen Ruck durch mich hindurchgehen. Im Brustton vollster Überzeugung sagte ich Ja. Die Stunde setzte sich ohne Zäsur fort – im Gegensatz zu meiner Lebensstimmung. Dort war die Zäsur! Es ging wieder aufwärts.

Nach zwei Jahren Bühnenarbeit spürte ich immer deutlicher, was ich eigentlich wollte. Bei allen Entscheidungen und Vergewisserungen fühlte ich mich nie wirklich allein. In den zurückliegenden schweren Jahren hatte ich meine Entschlüsse mit meinem Vater besprochen, während ich ihm auf dem Klavier vorspielte. Dabei spielte ich merkwürdigerweise sogar Stücke fehlerlos, die ich eigentlich noch nicht richtig konnte, aber zu meiner jeweiligen Situation zu passen schienen. Eine Gewissheit umgab mich.

Auch einige Erlebnisse vor Beendigung meines Studiums ließen mir innere Impulse klarer werden. So geschah es nach einem Gespräch mit zwei Priesterseminaristen der Christengemeinschaft, Michael Heidenreich und Hans-Werner Schroeder, dass ich mich bereitfand, bei dem Vorbereitungstreffen für eine große Christengemeinschafts-Jugendtagung die gewünschte Eurythmie zu übernehmen. Das Treffen fand an der Grenze zur DDR in der Nähe von Plauen statt, damit auch ostdeutsche Jugendliche daran teilnehmen konnten. Die Bedingungen für solche kurzen Grenzüberquerungen waren nach dem 17. Juni 1953, der Freiheitsrevolte in der DDR, gerade etwas gelockert worden. Es trafen sich ältere Jugendliche, die an der Gestaltung der damaligen Verhältnisse mitwirken wollten. Es war eine begeisternde Zusammenkunft mit vielen Höhen und Tiefen. Am deutlichsten blieb mir in Erinnerung, dass die Verständigung zwischen jungen Leuten aus Ost und West schon damals nicht wirklich möglich war – bei allem guten Willen. Ich hielt es für ein Versäumnis, sich nicht darum zu bemühen. Sollte es nicht eine Aufgabe sein, wenigstens innerhalb Mitteleuropas ein gegenseitiges Mitfühlen der entstandenen Polaritäten zu versuchen? Die Jugendlichen aus unseren westlichen Gebieten merkten kaum, dass ihre großen Reden und das schnelle Urteilen eine von leichten Minderwertigkeitsgefühlen begleitete Scheu bei den aus dem Osten Gekommenen auslöste, die Schweigen oder Stammeln verursachte.

Ich meinte, wenn sich nun schon durch das Versagen Mitteleuropas der Bolschewismus als fremdes Element über den Osten ergoss, sollte man wenigstens einmal an sich selbst erfahren, was das bedeutet. Wie fühlt es sich eigentlich an: die ständige Aufmerksamkeit auf die eigenen Aussagen, das kontinuierliche Bemühen, ja nur nicht aufzufallen, und für die Gesinnungen anderer Menschen ein Gespür zu entwickeln, um in eigener Weise erträgliche Umstände herbeizuführen. Dieses Verhalten war bereits nach acht Jahren prägend gewesen; es hatte sich die unabhängige geistige Regsamkeit der Jugendlichen, deren warme Intensität von vielen nicht bemerkt werden konnte, ins Innere verlegt. Die aus dem westlichen Teil Deutschlands hatten ganz andere Probleme: Sie waren erfüllt von dem Wunsch, die zusammengebrochene Kultur so rasch wie möglich wieder aufzubauen. Diese Jugendlichen durften das Gefühl haben, gebraucht zu werden, auch wenn sie in ihren Studiengängen innerhalb des wachsenden Materialismus mitunter schwere Krisen zu bestehen hatten. Aber sie konnten sich üben, ihre geistigen Anliegen laut zu äußern.

Dieses Auseinanderleben hatte ich auch schon in anderen Zusammenhängen beobachten können. Hier aber standen sich nun junge, aufgeschlossene Menschen gegenüber, die sich über tiefe, gemeinsame Anliegen und Ziele austauschen wollten, die vom Thema her eigentlich einen vereinenden Charakter hatten. Deshalb ließ mich diese Erfahrung sehr aufhorchen.

Vorbereitungen für die Übersiedlung in die DDR

Mein Entschluss, in die DDR zu gehen, festigte sich durch die Erzählung einer Kollegin, die von einem Besuch bei ihrer Mutter in Leipzig zurückkam. Von dort berichtete sie, wie sehr man sich just die Eurythmie als Gegengewicht zum grauen Alltag wünschen würde. Ich nahm zu Gerhart Palmer, dem Leipziger Pfarrer der Christengemeinschaft, Kontakt auf. Er war zwar über meine Entscheidung sehr erfreut, mahnte jedoch zur Vorsicht. Eine junge, lebensfrohe Eurythmistin, die ebenfalls mit dem Gedanken umgegangen war, in der DDR behilflich zu sein, war von einem kurzen Aufenthalt blass und erschöpft nach Köngen zurückgekommen und musste sich sagen, dass sie es dort nicht aushalten könne, von schöpferischem Arbeiten ganz zu schweigen. Daher schien mir Gerhart Palmers Vorschlag verständlich, trotz Zeitdrucks eine Lücke im Proben- und Aufführungsplan zu nutzen, um die dortigen Verhältnisse wenigstens für eine kurze Weile auf mich wirken zu lassen. Er fand jemanden, der die behördlichen Wege und das Ausspioniert-Werden auf sich nehmen und mir durch eine Einladung eine Aufenthaltsgenehmigung besorgen wollte.

So reiste ich im Spätherbst des Jahres 1955 bei trübem Novemberwetter in die DDR. Gleich an der Grenze starrte mir die graue Hässlichkeit der Kontrollinstallationen entgegen, die mich im Laufe der nächsten Jahre immer aufs Neue mit ihrer fahlen Öde überwältigten. Der typische Geruch Leipzigs nach einer Mischung von Braunkohle und DDR-Benzin empfing mich, gleichzeitig aber eine Herzlichkeit und Freude meiner Gastgeber, die mich für alle Strapazen entschädigten. Palmer schleppte mich nun durch die tristesten Straßen, zu Aufmärschen und in einen Ernst-Thälmann-Film, damit ich den richtigen Eindruck bekommen würde. Als Kontrast gab es die engagierten Abende des Jugendkreises, die mich begeisterten und bei denen ich eine Ahnung einer speziellen Menschlichkeit erfahren konnte, die sich im Laufe der Jahre dort im Osten gebildet hatte.

In Leipzig ergaben sich trotz des intensiven Wunsches nach Eurythmie zwar warme menschliche Kontakte, die sich lange erhalten sollten, es fanden sich aber kein Raum und auch keine Menschen, die mir bei den Behördenwegen beistehen oder mich fürs Erste finanziell unterstützen konnten. Es hatten sich nämlich gerade viele engagierte Menschen in den Westen abgesetzt. Deshalb schickte mich Palmer für einige Tage nach Dresden, wo mich sonniges Wetter empfing. Und nach einem langen Marsch durch Ruinen und über Trümmerberge traf ich in einer kleinen kultivierten Wohnung einen alten Anthroposophen an, der mit seiner Frau seine Jugend in Dornach am Bau des ersten Goetheanum schnitzend zugebracht hatte. Gleich nach dem Ersten Weltkrieg hatte ihn sein Schicksal nach Dresden geführt und seither setzte er sich unter den sehr verschiedenen äußeren Bedingungen tapfer für die anthroposophische Arbeit ein. Seine Familie besaß damals eine Papierverarbeitungsfabrik, die noch nicht vollständig enteignet war. Paul Kayser, so hieß er, sagte mir freudig finanzielle Hilfe für den Anfang einer Eurythmie-Arbeit zu.

Im Dresdener Jugend- und Studentenkreis, der gerade eine kleine Wochenendtagung hatte, fand sich ein Student mit Namen Florian, der mir mit lachendem Gesicht versprach, sich um einen geeigneten Raum für Eurythmie-Kurse zu kümmern. – Ein älterer Sprachgestalter, Bernhard Brons, der sich schon länger zum Entsetzen vieler Anthroposophen um eine offizielle Genehmigung der Anthroposophischen Gesellschaft bemühte, meinte zu mir, er wäre im Umgang mit Behörden gewieft, und versprach, mir eine Arbeitsbewilligung zu beschaffen. Seine Aktivitäten waren so manchem nicht geheuer. Man befürchtete, dass diese mit der bestehenden Staatsdoktrin unvereinbare Gesinnung verboten und dann verfolgt werden könnte, wenn die Aufmerksamkeit des Regimes erst einmal geweckt sei. Brons' Verhalten war 1949 wohl auch der Auslöser für das Verbot der Waldorfschule in Dresden gewesen, die als einzige in der DDR nach dem Krieg wieder aufgebaut worden war. Ich nahm das Angebot mit recht gemischten Gefühlen an. Trotzdem war ich nach diesen drei erfolgreichen Tagen in Dresden sehr glücklich und fuhr zuversichtlich nach Leipzig zurück. Dort hatte ich mich ja sofort nach meiner Ankunft polizeilich anmelden und viel Zeit durch langes Anstehen opfern müssen. Und nun musste ich mich wieder am gleichen Ort, in endloser Warteschlange stehend, abmelden, bevor ich wieder die Grenze passieren und zurück nach Köngen fahren konnte.

Die Stimmung auf dem Polizeirevier, die ich in künftigen Zeiten allzu häufig erleben sollte, hatte etwas Bleiernes. Die heruntergekommene Baulichkeit und der so unfreundliche Geruch trugen zu einer faden Beklemmung bei. Kein wartender Mensch ließ seine Stimme vernehmen, nur langsame, schlurfende Schritte hörte man in dieser elenden Stille, die ab und zu von gellend ausgestoßenen Lauten der Polizisten, den Geräuschen ihrer dumpf aufschlagenden Stempel und dem Rascheln der Papiere unterbrochen wurde. Den Raum durchschwang das grauschwefelige Vorurteil, es seien alle Wartenden eine Art Verbrecher, was die Gesichter der Leute gelblich-blass wie die Wände der Diensträume erscheinen ließ. Im Gegensatz zu denen der Wartenden, die schlaff, ergeben und in sich zurückgezogen anmuteten, waren die der Uniformierten scharf, kalt, zusammengezogen. Ein seltsamer Druck an der Kehle, das blutleere Gefühl in Kopf und Glieder waren Signale für den Lebenssinn: Die Wahrnehmung des Abgetötet-Seins alles Menschlichen!

Jene ersten Erlebnisses dieser Art verbinden sich im Rückblick mit meinen Eindrücken, als ich, von England und Frankreich kommend, nach längerer Zeit wieder in West-Deutschland einreiste. Jetzt war es die Wahrnehmung des Risses, der sich als Grenze, als «Todesstreifen» mitten durch Deutschland zog, der aber auch durch alle Polizeireviere des ganzen «Ostblocks» verlief, weit über die Grenzen Deutschlands hinaus sich gleichsam zur «Todesfläche» ausdehnte und die halbe Welt umspannte. Man konnte die kalte, zwanghafte Macht der Entfremdung als anwesend erleben, die sich bis in das Gebiet Mitteleuropas hineinbohrte. Es ereignete sich eine Art «Bewusstseinserweiterung», die den Menschen im durch die Sowjet-Macht vergewaltigten Osten Deutschlands aufgezwungen wurde, ohne eine kosmopolitische Gesinnung zu erzeugen.

Demgegenüber spürte man auf der anderen Seite der Grenze das Gegenwärtigsein dessen, was aus dem Westen von weither aus Amerika heranflutete. Ich spürte es damals sofort, als ich im Zug von Paris nach Stuttgart heimfuhr. Der hohe Schein der auf Hochglanz polierten Wesenlosigkeit übte ja auch auf so manchen Besucher aus dem Ostblock eine schier betäubende Wirkung aus. Wer nicht ganz allmählich in jene Art von Verzauberung hineingewachsen war, konnte diese Atmosphäre ebenfalls als etwas Menschenfeindliches wahrnehmen. – Am deutlichsten erlebte ich bei einer jungen russischen Freundin, was es heißt, sich der westlichen Konsum-Gesellschaft plötzlich konfrontiert zu sehen: Sie bekam in einem Supermarkt einen ernst zu nehmenden Schwächeanfall und ich musste sie stützend schnellstmöglich nach draußen befördern, um Schlimmeres zu verhindern.

Im Westen war eine andere, aber dumpfere «Bewusstseinserweiterung» wirksam, die ebenfalls eine Entfremdung von der mitteleuropäischen Wesensveranlagung zur Folge hatte. Umso bewusster musste nun in beiden Bereichen – erst einmal getrennt voneinander – um die individuelle Mitte gekämpft werden.

Die Grenze zwischen Ost und West, die wenig später zur Mauer erstarrte und «eiserner Vorhang» genannt wurde, war nicht nur von einem Todesstreifen begleitet, sondern sie war ein Band der Extremsituationen, das sich mitten durch Deutschland zog. Einerseits entstanden an den Grenzstationen Zusammenballungen von starken Emotionen, von atembeklemmenden Ängsten und Schweißausbrüchen. Es waren aber auch Orte der angespannten Selbstbeherrschung, des Sich-Behaupten-Könnens, wiederum des Lügens, des Betrugs und der anonymen Machtentfaltung mittels Waffen, Hunden und Technik. In diesem Landstreifen und vor allem in dessen Emotionskonzentraten fanden tiefe Erschütterungen statt, Trennungsschmerzen, Entwürdigungen und Verzweiflungen, aber wenn man es auf die andere Seite geschafft hatte, war auch das Gefühl der Befreiung extrem erschütternd. Die Vorfreude auf ein lange entbehrtes Wiedersehen der liebsten Menschen konnte das Blut ordentlich in Wallung bringen, welches sich vorher wie eingefroren angefühlt hatte. Waren diese Grenzübergänge mit ihrer Abgründigkeit und ihren Verunsicherungen nicht echte Prüfungsmomente, waren sie nicht wie Abbilder innerer, freiwillig auf sich genommener Entwicklungsschritte, die sich als Schwellensituation darstellten?

Und was mag in der Sphäre dieses «Grenzbereichs» wesenhaft erzeugt worden sein? Welche Wirkungen sind von dort auf den Erdorganismus ausgegangen? – Dann wiederum standen zwischen diesen Emotionskonzentraten bedrohliche Beobachtungstürme, deren Öde Dämonisches umgab, tödliche Schüsse, Stacheldrähte und Minenfelder, weite Landstriche, die menschenentleert ganz der verwildernden Natur überlassen waren, in denen Tiere ungestört leben konnten – ein Niemandsland. Es war ein harter, herzloser Schnitt im «Kalten Krieg» mitten durch Deutschland.

Ich kehre zurück zu unseren Extremempfindungen, die sich für mich im Laufe der Jahre steigerten. Bei jedem Grenzübergang wurde ich immer mehr zum «Verbrecher», indem ich sogenannte verbotene Bücher und Medikamente für Freunde auf dem Weg Richtung Osten oder zum Beispiel Musiknoten in Richtung Westen transportierte. «Haben Sie Druckerzeugnisse?», war die stereotype Frage der Volkspolizei. Bei jedem Mal übte man sich im harmlosen bis freundlichen Blick beim gefährlichen Verleugnen trotz Gänsehaut, im unbefangen lässigen Bewegen beim Kofferöffnen trotz Zitterns, selbst bei der Leibesvisitation durch weibliches Grenzpersonal. Anthroposophische Bücher hatten im Osten einen fast existenziellen Wert, Medizin erst recht, und die preisgünstigen Noten waren ein kleines Äquivalent für die vielfältig erfahrenen Unterstützungen der Freunde im Westen. Dafür schien sich das Abenteuer zu lohnen.

Jetzt sollte es nur noch ein halbes Jahr bis zu meiner Umsiedlung dauern. Zwischen den Aufführungen der Bühnengruppe sprang ich für einige Wochen bei der Lebensgemeinschaft Bingenheim, einem anthroposophisch geführten heilpädagogischen Kinderheim, als Vertretung ein, um meine ersten Schritte im Pädagogischen zu tun, bevor ich dann in der DDR ganz auf mich allein angewiesen sein würde. Die Arbeit mit Behinderten stellte speziellere Anforderungen, als ich erwartet hatte. Dabei konnte ich Grundsätzliches von Gotthard Starke lernen, der sich manche Stunde Zeit nahm, um bei meinem Unterricht dabei zu sein, obwohl er als Leiter und Arzt dieses Heims mächtig eingespannt war.

Eine andere Art von Vorbereitung schlug mir Else Klink vor. Sie sagte, ich solle, um die Eurythmie in angemessener Weise dort drüben einführen zu können, mindestens sieben Stücke ausarbeiten, die ich dann demonstrieren könne. Sie wolle mir diese dann, bevor ich abreise, korrigieren. Da ich ja inzwischen nicht mehr den Haushalt für Mutter und Bruder besorgte, sondern in einer der Eurythmie-Baracken wohnte, konnte ich jede freie Minute zwischen den Proben und der Arbeit in der Eurythmie-Garderobe ausnutzen, jeden freien Saal, jeden freien Spieler oder Sprecher in Anspruch nehmen.

Nach Aufführungen in Stuttgart und Nürnberg sollte es Anfang Mai 1956 losgehen. Ich hatte so etwas wie eine Daueraufenthaltsgenehmigung von Dresden zugeschickt bekommen, die Bernhard Brons wie versprochen besorgt hatte. Dazu schrieb er mir einen Brief, in dem er mit großen Worten schilderte, dass ich in Dresden von einer Gemeinschaft von Menschen aufgenommen würde, «die es sich zu ihrer Eigenart gemacht hätten, jeden zu lieben»! Das allerdings ließ mich leise erschauern. – Um Fahrgeld zu sparen, plante ich die Reise von Nürnberg aus, wohin wir als Bühnengruppe mit dem Bus fuhren. In zwei großen, alten Koffern verstaute ich meine Habseligkeiten nebst einiger «Eurythmie-Ausrüstung» und den wichtigsten Büchern.

Die Aufführung war zu Ende, die Garderobe und Utensilien zusammengepackt, als Else Klink einfiel, dass sie hier noch die wunderbare Beleuchtungsanlage nutzen und für eine neue Einstudierung ausprobieren könnte. Als Garderobiere musste ich ein farbiges Kleid nach dem anderen auf die Bühne tragen. Es war inzwischen ein Uhr nachts geworden, als wir fertig waren – selbst der zu dieser Beleuchtungsprobe spielende Pianist war zum Umfallen müde –, als ich gegenüber Else Klink erwähnte, dass sie meine erarbeiteten Eurythmie-Stücke nun doch nicht korrigiert habe und ich am Morgen abfahren würde. «Gut, wir gehen wenigstens noch das Regentropfen-Prélude durch!» Der Klavierspieler und ich, wir schwebten schon halb schlafend im Himmel – und Else Klink korrigierte! Anschließend sprach sie mit strenger Miene: «Elisabeth, versprich mir, dass du nichts illegal dort tust! Nur die Wahrheit hat Bestand, nur sie kann Gutes bewirken!» Sie erzählte von Rudolf Steiner, wie er ebenfalls diesen Rat den russischen Freunden mit auf den Weg gegeben hätte, als diese damals im jungen Sowjet-Staat arbeiten wollten.

Am Morgen, als der Bus mit all meinen lieben Freundinnen und Leidensgenossinnen nach Köngen abfuhr und ich allein auf dem Platz zurückblieb und ihnen nachwinkte, war mir doch nicht mehr so mutig zumute. Nun, ich ergriff meine Koffer und kam irgendwie zum Bahnhof.

Diesseits der Grenze stiegen alsbald die Westpolizisten ein. Ihr flüssiges Kontrollieren erreichte schnell mein Abteil. Nun, was war denn jetzt los? Auf dieser Seite schon Schwierigkeiten? Damit hatte ich nicht gerechnet. Mehrere Polizisten beugten ihre Köpfe über meine Papiere, zogen sich zur Beratung auf den Gang zurück, um mir alsdann zu verkünden, dass sie mir meinen westdeutschen Pass abnehmen müssten, da ich ja eine Daueraufenthaltsgenehmigung für die DDR hätte und somit DDR-Bürger werden wollte. Sie würden mir eine Bescheinigung ausstellen, dass ich einen gültigen Pass besessen habe.

Auf der anderen Seite der Grenze gingen die Kontrollen nur schleppend voran, da viele Reisende ihre Taschen und Koffer öffnen mussten. Bei mir angekommen, stockten die Beamten nun vollends. Das war für sie zu viel: Jemand will für immer in ihre DDR und das auch noch ohne richtigen Ausweis und ohne Lichtbild – nur mit einem Schein, der besagte, dass ich einmal einen Pass gehabt hätte! Leider, so hieß es nun, müsse ich hier aussteigen, eine Weiterfahrt sei nicht möglich! Sie stellten mich samt Gepäck unter polizeilicher Bewachung auf den Bahnsteig, bis sie mit ihrer Zugkontrolle fertig waren. Dann wurde ich in eine schaurig armselige Baracke geführt, während sie mein Gepäck zur Durchsuchung woandershin bugsierten. Mit einem unangenehmen Gefühl ließen sie mich zurück.

In den Stunden des Alleinseins, in denen ich immerhin erreichte, dass nach Dresden die Nachricht von meinem Ausbleiben durchtelefoniert wurde – denn man wollte mich ja vom Zug abholen –, konnte ich, müde auf einem alten Holzstuhl sitzend, meine missliche Lage gründlich überdenken: Was antworte ich, wenn sie beispielsweise etwas über den Inhalt des in meinem Koffer befindlichen Buchs von Rudolf Steiner, *Die Philosophie der Freiheit,* wissen wollen? Oder wenn sie sich nach der Bedeutung der geheimnisvollen Aufzeichnungen meiner Eurythmie-Formen erkundigen? – Sie hatten mir schon mitgeteilt, dass am nächsten Tag, dem 8. Mai, der Tag der Befreiung (Kriegsende) sei. Ich überlegte, wie dieses Faktum mit dem Buchtitel oder mit den freien Bewegungsspuren der Eurythmie-Formen zu verbinden sei.

Nachdem ich stundenlang hungrig auf diesem harten Stuhl zugebracht hatte, was nach der letzten Nacht recht mühsam war, teilte man mir ohne irgendwelche Fragen mit, ich müsse hier übernachten. Erstens führe heute sowieso kein Zug mehr nach Dresden und zweitens wisse man noch nicht, wann ihr Oberkommandeur kommen könne, weil morgen Feiertag sei. Sie brachten mich in ein Kämmerchen mit vergittertem Fenster und einer Art Feldbett. Der Gedanke, dass ich in dieser Lage den «Tag der Befreiung» feiern würde, belustigte mich ungemein und ein noch nie gekanntes Glücksgefühl und Freiheitserlebnis bemächtigte sich meiner – einer der lichtesten Augenblicke meines Lebens! Mit dieser Empfindung verbrachte ich also meine erste Nacht in der DDR, hinter Gittern und auf einem übel riechenden, mit Militärdecken ausgerüsteten, unbequemen Schragen.

In ungewisser Erwartung des Oberkommandanten, der mich begutachten sollte, verging am nächsten Morgen eine Stunde nach der anderen. Währenddessen durfte ich unter bewaffneter Bewachung einige Male auf dem Bahnsteig bei herrlicher Sonne zwischen trostlosester Bebauung auf und ab gehen. Eine scheinbar grundlos freudige Stimmung beherrschte mich. Diese hielt auch an, als mich zwei Uniformierte mit aufgepflanzten Bajonetten in ihre Mitte nahmen und mich in ein abgelegenes Gebäude führten. Bei meiner belustigten Frage, ob sie denn solche Angst vor mir hätten, dass sie derartig bewaffnet seien, verzogen sie keine Miene. Schweigend wiesen sie mich in ein hinteres Zimmer, während sie selbst im Vorzimmer bei halb offener Tür mit ihren hochragenden Bajonetten strammstanden und sich gegenseitig anstarrten. Ich hingegen befand mich nun einem stattlichen, kräftigen Offizier gegenübergestellt, der mir durch sein Lächeln das Gefühl gab, ihn bezirzen zu können: Der Zweck heiligt die Mittel!

In seinem langen Verhör kam natürlich auch die Frage vor, was überhaupt Eurythmie sei und warum ich sie ausgerechnet in der DDR ausüben wolle. Ich antwortete ihm, dass sie Freude und Mut vermittle und dass dies in einem jungen Staat sehr günstig wirke. Dabei räumte ich unter seinen ängstlichen Blicken einige Stühle beiseite und eurythmisierte einen feurigen Energietanz in diesem Büroraum, was die beiden Polizisten im Vorzimmer in höchste Alarmbereitschaft versetzte. Mein Offizier hingegen strahlte, was mich ermunterte, zur weiteren Demonstration alsbald als Ente zwischen den Möbeln herumzuwatscheln. Sein Lächeln erstarb allerdings, als ich mit eurythmisch einarmiger M-Gebärde über den Papieren auf dem Schreibtisch den Rüssel eines Elefanten markierte. Nachdem ich ihm durch mein Verhalten klarmachte, keinerlei böse Absicht zu verfolgen, ging das Gespräch in ein Scherzen über und er ordnete an, dass man mir helfe, den abfahrbereiten Zug nach Dresden noch zu erreichen. Auf meinen Wunsch hin übernahm er sogar noch einen Anruf nach Dresden, um dort meine Ankunft zu melden.

Erste Zeit in Dresden – Eurythmie im Kreuzverhör

In froher Stimmung traf ich nun am Abend des Tages der Befreiung, der für mich jetzt ebenfalls diese Bedeutung hatte, im Jahre 1956 in Dresden ein und es empfingen mich mit höchst frohen Gesichtern einige starke junge Männer des Studentenkreises, die alsbald, mein schweres Gepäck schulternd, mit mir die klapprige Straßenbahn bestiegen. Sie hatten wegen meiner verzögerten Ankunft einige Angst ausgestanden.

Als Erstes musste ich am nächsten Morgen zur Anmeldung aufs Polizeirevier. Da ich von niemandem eingeladen war, sondern übersiedeln wollte, glich ich in den Augen der Behörden einer Art Wundertier, auf das man doch sehr achtgeben müsste. Die Unsicherheit, wie sich mein Vorhaben entwickeln würde, beunruhigte zu sehr, als dass man mich privat hätte unterkommen lassen. So wurde ich erst einmal im Hotel «Zum Russen» einquartiert, einem erbärmlich riechenden, primitiven Gebäude. Hinter einer gegenüberliegenden hohen Mauer, unter stattlichen Bäumen, wohnten russische Soldaten mit ihren Familien. Es mögen auch Kasernen dort gestanden haben, jedenfalls herrschte ein lebhaftes Ein und Aus durch das streng bewachte Tor.

In den drei Monaten, die ich mich dort aufhielt und in denen ich um meine Arbeitsgenehmigung kämpfte, bestand meine Ernährung notgedrungen aus Kartoffelsalat und Bockwurst vom Straßenkiosk. Mild gesinnte Menschen luden mich hin und wieder zum Abendessen ein, wenn sie durch langes Anstehen vielleicht etwas Gemüse ergattert hatten und mir eine zusätzliche Mahlzeit bereiten konnten. Tagsüber trieb ich mich hauptsächlich auf der Straße und in den Grünanlagen herum, um diesem muffigen Hotel zu entkommen. Dazwischen hatte ich immer wieder Termine bei irgendwelchen Behörden. Auf diese Weise lernte ich das damals noch fast vollständig zerstörte Dresden kennen mit seinen eindrucksvollen Mauerresten vom Zwinger, von den Schlössern, Palästen, Kirchen und der Oper. Selbst die Elbe bot keinen gesunden Anblick, da ihr Umfeld verwahrlost und ihre Brücken nur mühsam geflickt erschienen. Ich besuchte auch so manche anthroposophische Arbeitskreise, um mich mit den Menschen, die vielleicht einmal Eurythmie-Kurse besuchen würden, vertraut zu machen.

In den Sommerferien fuhr ich nach Berlin. Von dort aus konnte ich deutliche und offene Briefe an meine Mutter schreiben, die sie alle aufbewahrte und mir heute wichtige Erinnerungshilfen bieten. In diesen lese ich von so manchen Verschrobenheiten, die sich in der Abgegrenztheit gebildet hatten. Das immerwährende Arbeiten im Geheimen – mitunter schon während der Nazizeit – hatte einige Absonderlichkeiten zur Blüte getrieben. Ich berichtete in einem der Briefe von jemandem, der mit Buntstiften seelische Auren malte, ein anderer hatte immer zur richtigen Zeit bedeutungsschwangere Schauungen. Und ein Dritter gab Malkurse für Kinder, bei denen er vorher zweifelhaft anmutende eurythmische Bewegungen machte und gleichzeitig die Kinder dazu sprechen ließ. Weiter berichtete ich von dem eigentlich niveauvollen Arbeitskreis des Sprachgestalters Bernhard Brons, der in alten Zeiten in Dornach den Ahriman gespielt hatte, wie es da aber so verkrampft zuging, dass es sich auf den Atem der dort Anwesenden niederschlug. Ich vermutete einen Zusammenhang zwischen dem Klima der Unfreiheit und der «Eigenart, einen jeden zu lieben», wie mir Bernhard Brons seinen Arbeitskreis brieflich charakterisiert hatte.

Vom Jugendkreis der Christengemeinschaft schrieb ich und von seinen Bedürfnissen nach echter Erkenntnisarbeit, die zu diesem Zeitpunkt, bevor sich Wilhelm Gädeke als Pfarrer ihrer annahm, noch nicht erfüllt werden konnten. Ich schloss den Brief mit dem Geständnis, wie allein ich mich in Dresden fühle, und fragte recht verzagt, ob ich eine gesunde Eurythmie-Arbeit wohl aufbauen könne. Ich zweifelte, ob meine Kraft ausreichen würde, eine tragende Gemeinschaft zu bilden, zumal die verschiedenen Gruppierungen untereinander alle über Kreuz lagen, da sie sich unter den gegebenen Umständen nicht wirklich kennenlernen konnten. Jegliche Treffen in größeren Gruppen wären untersagt, es sei denn, sie würden polizeilich gemeldet. Ermutigen würde mich allein der allgemeine Wunsch nach einer geregelten Eurythmie, auf die sich alle freuen würden. Ich erzählte von dem einzigen Raum, der vom Studenten Florian ausfindig gemacht werden konnte und der nur die Maße von knapp fünf mal fünf Metern habe, mit einem in der Ecke

Dresden nach seiner Zerstörung 1946: Ruine des Wallpavillons im Zwinger.

stehenden dicken Schrank. Außerdem könne der Raum nur zu sehr beschränkten Zeiten für die Eurythmie-Kurse genutzt werden, da er einer Loheland-Gymnastik-Lehrerin gehöre. Und er sei auch noch für viele Menschen verkehrsmäßig schlecht zu erreichen. So mein Bericht aus West-Berlin.

Noch vor den Sommerferien hatte mich das Dresdener Kulturamt zu der Ausschlag gebenden verhörähnlichen Befragung einbestellt, bei der mit den höchsten Amtspersonen und Kulturträgern besprochen werden sollte, ob man mir eine Arbeitserlaubnis bewilligen könne. Zuvor reiste ich noch nach Leipzig und gab einen zweiwöchigen eurythmischen Intensiv-Kurs für junge Menschen, die das dort in Vorbereitung befindliche Priesterseminar besuchen wollten. Leipzig wurde später für mich zum Ort der besonderen Aufgaben.

Nun aber nahte der Tag der vom Kulturamt angeordneten «überdimensionalen» Veranstaltung, von der mein weiteres Schicksal abhängen sollte und deren Verlauf ein gewisses Bild von der damaligen Situation in der DDR gibt. In einem größeren Raum innerhalb eines noch halbwegs stehen gebliebenen Theatergebäudes fand ich mich nun konfrontiert mit einer Dame vom Kulturamt und ihrem Sekretär. Daneben war ein grimmiger Gewerkschaftsbonze anwesend, außerdem die absolute Kulturspitze der DDR, Intendanten und Regisseure aus Berlin, Leipzig und Dresden, auch die große Tänzerin Gret Palucca, die die Berliner Olympiade 1936 unter Hitler mit ihren akrobatischen Sprüngen und gewagten Drehungen eröffnet hatte. Sie leitete nun eine berühmte Tanzschule in Dresden – das Aushängeschild der Stadt. Mitgebracht hatte sie ihre Freundin, die Geschäftsführerin der Schule. Diese beiden Frauen waren die Einzigen, die mich mit freundlichen und interessierten Blicken anschauten.

Wie kam es zu dieser Examinierung mit solch prominenter Beteiligung? Man hatte mich in den Wochen vorher von Pontius zu Pilatus geschickt, von Amt zu Amt, weil das eine nur für Sport zuständig war, das andere für Heilgymnastik, ein drittes nur für Tanz. Überall sagte ich, das alles werde der Eurythmie nicht gerecht, sie sei eine neue Bewegungskunst, wobei ich besonderen Wert auf «Kunst» legte. Alle waren irritiert und froh, mich wieder wegschicken zu können. Keiner wollte die Verantwortung für die Zulassung übernehmen. Allerdings konnte sich auch niemand entschließen, mich einfach wieder in den Westen zurückzuschicken, wenn nun schon einmal jemand von dort zu ihnen kommen wollte! Aus Hilflosigkeit heraus wurde schließlich diese überwältigende Kommission zusammengerufen, auf die man die Verantwortung abschieben wollte.

Meine Beteuerungen, ich sei hierher gekommen, weil es in der DDR keine Eurythmie gäbe und ich die andere Seite Deutschlands kennenlernen wollte, hörten sie sich mit stoischer Ruhe an. Ich erklärte etwa eine Viertelstunde, was Eurythmie sei und was sie bewirken möchte. Daraufhin taten sie recht besorgt, als wollten sie mich vor dem mühseligen Alleingang der Selbstständigkeit schützen, so unbekannt und unvertraut ich mit den hiesigen Gepflogenheiten nun einmal sei. Auf meine Bitte, mir eine Chance des Ausprobierens zu gönnen, hörten meine erstaunten Ohren, ich käme ihnen vor wie jemand, der am Rande eines Sees stünde und lediglich mit seinem großen Zeh ausprobiere, wie das Wasser beschaffen sei, statt mutig kopfüber hineinzuspringen und drauflos zu schwimmen. Ich solle mich doch auf Kosten ihres Staates auf Volkstanz umschulen lassen und dann munter in die Betriebe gehen und die Arbeiter auf diese Weise erfreuen.

Als ich beteuerte, nun gerade Eurythmie ausüben zu wollen, kam das einzige mich unterstützende Wort der ganzen Unterredung von der Tänzerin Palucca. Ja, sie könne verstehen, dass man, wenn man gerade eine Ausbildung abgeschlossen habe, das Gelernte auch anwenden und sich nicht gleich wieder umschulen lassen wolle. Nun kam aber vonseiten des Berliner Regisseurs Wendland, der ein äußerst charaktervolles Profil hatte und eine machtvolle Persönlichkeitskraft ausstrahlte, die Frage, ob man nicht für diese Eurythmie ein besonderes Lebensgefühl bräuchte, welches einer bestimmten Weltanschauung entspränge. Mir stockte das Herz. Doch die letzten eindringlichen Worte von Else Klink bestärkten mich und ich antwortete: «Ja, eine bestimmte Einstellung zum Leben müsse man schon haben.» – «Nun, hat diese Lebenseinstellung nicht mit Rudolf Steiner zu tun?», tönte es mir entgegen. «Ja», erwiderte ich, «Rudolf Steiner ist der Initiator der Eurythmie.» Nun wurde endlich ausgesprochen, was alle insgeheim die ganze Zeit schon dachten: «Und ebenfalls ist er der Initiator der Waldorfschulpädagogik, deren Schule hier seit 1949 verboten ist!» Was sie mir mit vereinten Kräften auseinanderlegten, gipfelte in dem Halbsatz, «dass die Anschauungen der Anthroposophie den Zukunftsperspektiven unseres Staates entgegengesetzt sind»!

Dem konnte ich allerdings innerlich voll zustimmen, doch laut sagte ich: «Wenn Sie so eine Angst vor mir haben, dann schicken Sie mich doch wieder zurück in den Westen. Dort habe ich mehrere Angebote, beispielsweise in Hannover oder in einem SOS-Kinderdorf, wo ich auch sehr gern arbeiten würde.» Daraufhin eisiges Schweigen. Mir kam es sehr lang vor. Schließlich unterbrach ich die unangenehme Stille und erzählte von einem Bericht aus einer Fachzeitschrift, der mir durch eine Lehrerin der Dresdener Gehörlosenschule zugekommen war. Darin sei zu lesen, dass in der Gehörlosenschule von Moskau die Eurythmie «als wichtiger Bestandteil des gesamten Unterrichtes» gepflegt würde. Nun war ich wirklich erst einmal sprachlos, als ich aus dem Munde des Leipziger Intendanten, Professor Ottofritz Gaillard, vernahm: «In der Heilpädagogik, da leisten die Anthroposophen ja auch etwas! Aber in ihrer Kunst, da fangen sie erst dort an, wo wir aufhören!» Ich schluckte erst und stimmte ihm dann freudig zu. Exakter konnte man es ja doch fast nicht ausdrücken. Ich erwiderte: «Muss man nicht ein richtiges Menschenbild haben, um sogar kranken Menschen helfen zu können, nämlich ein Menschenbild in seiner gesunden Vollständigkeit?»

Diese Aussage löste eine atemberaubende Stille aus. Als man sich einigermaßen erholt hatte, schlug mir die Dame vom Kulturamt vor, doch in der hiesigen Gehörlosenschule mitzuarbeiten. Bei dieser Idee ging ein allgemeines Aufatmen durch die Runde. Dafür wolle man sich für mich einsetzen und versuchen, eine Erlaubnis einzuholen, damit ich dort erst einmal hospitieren könne. Ich sagte, ich würde den Vorschlag annehmen, wenn ich zusätzlich die Erlaubnis bekäme, Privatunterricht zu geben. Man gab mir zu verstehen, dass es kein Gesetz gegen Privatlehrer gäbe, obwohl man wisse, wie diese vielfach pfuschen. Sofern ich aber nebenher in einer Institution arbeiten würde und somit betreut und versorgt sei, könne man beruhigt sein. Man fühle sich schließlich verantwortlich für alle jungen Menschen, zumal wenn jemand sich hier erst einleben müsse!

Die Honoratioren verabschiedeten sich. Gret Palucca erlaubte mir freundlich lächelnd auf meine Anfrage hin, jederzeit ihrem Unterricht in der Tanzschule beizuwohnen. Und der Intendant des Leipziger Theaters, der zu jener Zeit auch in Dresden ein Drama von Brecht inszenierte, wollte mich später einmal privat einladen – seine Frau sei in Arlesheim/Schweiz in der anthroposophischen Klinik mit gutem Erfolg behandelt worden. Er selbst habe währenddessen den *Faust* in Dornach gesehen. – Nun war ich allein mit der «Kulturdame» und dem Herrn von der Gewerkschaft und bekam Anweisungen, was ich als Nächstes zu tun hätte. Sie wussten, dass ich Aussicht auf ein Zimmer in Radebeul hatte. In Dresden selber herrschte ja wegen der totalen Zerstörung Zuzugssperre. So waren sie doppelt froh über diesen Wohnort, konnten sie doch auf diese Weise alle Formalitäten den Ämtern in Radebeul übergeben (mit aller Verantwortung, ohne dass man dort eine Ahnung von der Kompliziertheit meines Falles hatte, wie es mir schien). Ich durfte laut Anordnung meinen Privatunterricht nicht in öffentlichen Gebäuden geben und hatte meine Kurse bis zum Dritten jeden Monats bei der Polizei anzumelden.

Damit wurde ich nach zwei Stunden entlassen. Am ganzen Leibe zitternd verließ ich das Haus, als wäre es um Leben und Tod gegangen. Ich überquerte die Straße, lief wahllos in irgendeine Richtung, landete wie zufällig auf einer Bank abseits des Verkehrs in einem Grünstreifen. Und nun heulte ich erst einmal – weder aus Freude noch aus Schmerz. Ich wusste selbst nicht warum. In dieser Versammlung hatte ich mich klar und geistesgegenwärtig gefühlt, mehr als ich es je im Leben gewesen war. Der jetzige Zustand war wahrscheinlich eine Gegenreaktion, wie ein Wieder-Hineingepresst-Werden in die Körperlichkeit bei gleichzeitigem Sich-zerstückelt-Fühlen. Nach einer ganzen Weile spürte ich das Bedürfnis, mich irgendjemandem mitzuteilen, der die übermäßige Anspannung dieser Verhandlung nachvollziehen kann. Ich hoffte, dadurch wieder ins Gleichgewicht zu kommen. So fuhr ich zur Christengemeinschaft, wo der liebe, alte Religionslehrer meiner Kinderzeit aus Berlin, Rudolf Kliemand, auf dem Krankenbett lag, das später zu seinem Sterbelager wurde. Gnädigerweise ließ man mich zu ihm, und, o Wunder, in der kurzen Zeit, in der er noch Kraft hatte, mich anzuhören, fühlte ich mich wiederhergestellt, ja ich war sogar glücklich, das alles überstanden zu haben. Es war das letzte Mal, dass ich ihn sah.

Mit etwas gemischten Gefühlen sah ich der Tätigkeit in der Gehörlosenschule entgegen, bei der ich mich auf ein vollständig unbekanntes Abenteuer einließ. Aus zurückliegenden Jahren wusste ich zumindest, wie es ist, taub zu sein – eine sehr geringe Vorbereitung!

Wie schon erwähnt, fuhr ich in der Sommerpause nach Berlin. Vor dem Mauerbau konnte man noch von Ost- nach West-

Berlin fahren, wenn man für strenge Kontrollen gerüstet war. Als Erstes fuhr ich zu Helene und Claudia Reisinger, den Leiterinnen der dortigen Eurythmie-Schule, und wurde von ihnen herzlich aufgenommen. Ich werde das köstliche Lachen der alten Dame Reisinger während ich erzählte, dass man mich in eine Gehörlosenschule schicken wolle, nie vergessen. «Das ist ja genau das Richtige für dich!», rief sie. «Da wird deine Weltanschauung weder gehört noch weitererzählt!» Nun, ich fand es nicht ganz so lustig. Schließlich wollte ich doch all meine Kraft zum Aufbau der freien Eurythmie-Arbeit verwenden. Nun musste ich stattdessen erst einmal die Taubstummensprache lernen. Diese primitive Art der Wortpantomime ist für eine Eurythmistin etwas qualvoll, zumal ich bei einem pensionierten Lehrer zum Beispiel *Die Kraniche des Ibykus* zum Ausdruck bringen sollte, was dann eher zu einer unfreiwilligen Parodie geriet.

Die nun folgenden Behördengänge in Radebeul, etwas elbabwärts von Dresden gelegen, liefen problemlos und der glückhafte Einzug ins Haus Weyrather konnte stattfinden. Ich landete bei einer überaus lebhaften Familie mit drei halbwüchsigen Kindern und deren Mutter, die ein wunderbares Temperament und das Herz auf dem rechten Fleck hatte. Es war dort ein Flügel, auf dem sie – und glücklicherweise auch ich – spielen konnte und außerdem liebte Frau Weyrather die Sprachgestaltung, was mir künftig von großer Bedeutung werden sollte. Ihren Mann hatte sie im Krieg verloren und so kämpfte sie sich mit äußerst dürftigen Finanzen – dafür mit innerem Reichtum – durchs Leben. Der Haushalt war alles andere als bürgerlich. Bald sollte ich dazugehören.

So wie ich zur Familie gehörte, war Frau Weyrather bald ein fester Bestandteil der Eurythmie-Arbeit. Trotz der Verbotszeiten vor, im und nach dem Krieg hatte sie, solange es ging, Eurythmie-Kurse besucht und bald fand sie sich in der Gruppe der Fortgeschrittenen ein. Aber auch sonst nahm sie an allen Fort-

Villa der Familie Weyrather in Radebeul, deren untere Etage sie bewohnte – mein Domizil während der Dresdener Jahre.

schritten und Niederlagen dieses Neuanfangs der Eurythmie in Dresden intensiv Anteil. In ihr hatte ich jemanden, dem ich von den vielen Behördengängen und dem endlosen Warten erzählen konnte, von den vergeblichen Wegen, wenn ich bei einer falschen Steuerstelle angestanden hatte. Und vor allem war sie mir ein treuer Begleiter bei der trostlosen Raumsuche. Auch half sie mir beim Eurythmiekleider-Nähen und spielte bei so manchen Kursen, wenn ein Klavier zur Verfügung stand. Doch auch für mein eigenes Eurythmie-Üben war sie stets zu spielen oder zu sprechen bereit. Ich sehe sie noch am Spülstein in ihrer Küche stehen, als ich mit den Worten eintrat: «Ich habe gerade eine halbe Stunde Zeit. Können wir einmal schnell an unserem Schubert üben?» Die halb fertig geschälte Kartoffel ins Becken werfend, sich die Hände abspülend und trocknend und mit Schürze zum Flügel eilend, um sofort zu spielen, war eins.

Umgekehrt konnte ich ihr in so manchen Situationen beim Umgang mit ihren Kindern helfen. Diese waren im Alter des aufkeimenden Intellekts, was für eine gutmütige Mutter zur Tortur werden kann. Da konnte ich ihr ein wenig Schutz beim ewigen Kritisiert-Werden oder Bedient-werden-Wollen bieten. Im Übri-

Beim Ausflug mit Bernhard Weyrather ins Elbsandsteingebirge und Dorothea Weyrather beim Cellospiel.

gen haben wir alle zusammen viel und ausgiebig gelacht, etwa wenn der vierzehnjährige Sohn bei jeder Gelegenheit und Ungelegenheit Kopfstand übte oder als es nach langer Zeit ein wenig Fleisch am Sonntag gab und wir das Gemäkel übers Essen nicht mehr erdulden wollten. Da saßen wir nun stumm um den Tisch herum und kauten und kauten an dem bisschen Fleisch, bis plötzlich die sechzehnjährige Dorothea die angestrengte Stille brach: «Hm, ein strammer Ochse!» Der Bann war gebrochen und unter schallendem Gelächter wurde die Mahlzeit fortgesetzt.

Es war noch die Zeit der Lebensmittelkarten: 250 Gramm Butter und 300 Gramm Margarine im Monat, mit der Letzteren vermochte ich mir, bei aller Überwindungskraft, kein Brot zu schmieren. Es gab kein Obst zu kaufen, in einem Winter war nichts als Kartoffeln und Sauerkraut, im anderen waren nur Kartoffeln und Petersilie zu haben. Es gab auch Kohlenbezugsscheine. Ich bekam acht Zentner zugeteilt und musste das wertvolle Schwarz eigenhändig von der Straße in den Keller befördern und stapeln, da in solchen Fällen die Kinder immer etwas anderes Dringenderes zu tun hatten.

Charlotte Weyrather (zweite von links) mit vielen eifrigen Eurythmieschülern.

Meine hilfsbereite Mutter durfte mir einmal im Monat ein Paket schicken. Darin waren auch Apfelsinen. Und wenn ich, wie am oben erwähnten Sonntag, eine davon herausholte und wir diese zu fünft als Nachtisch genüsslich verschmausten, war das zähe Fleisch vergessen. Die Wertschätzung einer solchen Frucht hat uns wunderbar ernährt. Nie haben mir Apfelsinen besser geschmeckt als damals. Das Paket konnte wohlgekühlt unter meinem Bett verstaut werden, da die Wärme meines kleinen Kanonenöfchens, dessen Rohre kunstvoll aus dem Fenster geleitet wurden, erst oberhalb der Knie anfing zu wirken. – Das Lesen der Dankesbriefe an meine Mutter lassen mich das alles nochmals lebhaft nachempfinden.

Die Eurythmie-Arbeit ist genehmigt

Zu Michaeli meldete ich in einem Brief an meine Mutter, dass ich nun mit sieben Kursen begonnen habe, teils in ausgeräumten Wohnzimmern, teils im besagten Gymnastikraum, die Kinderkurse im Weiheraum der Christengemeinschaft im Wechsel mit dem Religionsunterricht, wobei die von mir gewünschte Heiterkeit in diesem Raum nicht so recht gelingen wollte. Von den Erwachsenenkursen berichtete ich, ein Kurs sei in der Zusammensetzung schwierig, ein anderer draufgängerisch ungezügelt, der dritte völlig verkrampft. Den nächsten beschrieb ich als tief melancholisch, im fünften versammelten sich viele Schwerhörige. Im Oktober schrieb ich hell begeistert, dass von den neuen, hinzugekommenen Kursen einer origineller als der andere sei, zum Beispiel von einem Kurs für Ehepaare mittleren Alters, von drei ganz entzückenden Jugendkursen und nicht zuletzt von meinem geliebten, schon erwähnten Fortgeschrittenenkurs. In diesem versammelten sich hauptsächlich ehemalige Waldorflehrerinnen, die ihre Zuflucht in einer Hilfsschule gesucht hatten, in der sie keine so radikalen politischen Lehrinhalte zu vermitteln brauchten. Ich unterrichtete sie dort in einem Klassenraum, dessen Möbel wir zur Seite schoben. Es war der einzige Kurs, den ich nicht bei der Polizei anmelden konnte, weil es mir verboten war, in einem öffentlichen Gebäude Privatstunden abzuhalten. Das sollte dann auch seine Folgen haben, aber davon später. Jedenfalls war dieser Raum der Einzige, dessen Größe es zuließ, dass man sich frei bewegen konnte. Und da er sonst auch für Musikunterricht genutzt wurde, stand darin sogar ein Klavier.

Selbstverständlich ging ich jeden Monat brav zum Polizeipräsidium, um mir für jeden der anderen Kurse auf einen jeweils gesonderten Schein einen Stempel geben zu lassen. Alles wurde registriert. Ich konnte froh sein, dass ich nicht die Namen meiner Schüler angeben musste. Die genauen Orte meiner Tätigkeiten reichten aus. Die Scheine musste ich zusammen mit meinem Ausweis und der Arbeitsgenehmigung immer bei mir tragen. Den geliebten Kurs mit meinen ganz Kleinen meldete ich auch nicht an und die übrigen Kinderstunden liefen unter «Gemeindearbeit». Wegen des Verbots der Waldorfpädagogik hielt ich dies für sicherer.

Inzwischen hatte ich in der Gehörlosenschule hospitiert. Im September war ich wöchentlich in dieses graue, heruntergekommene Gebäude gegangen, in dem die Kinder auch wohnten. Keine Pflanze stand an den Fenstern, statt farbiger Bilder hingen lediglich einige Scherenschnitte oder Schwarz-Weiß-Fotos an den weißlich-grauen Wänden. Auf dem Schulhof wuchs kein einziger Baum, stattdessen häuften sich dort riesige Kohlenberge, die nicht in den Keller passten. Für deren Anfuhr stand im Winter keine Transportkapazität zur Verfügung, deshalb wurden sie schon im Sommer angeliefert. So war dort draußen auch kein Platz für die Kinder, nicht zum Springen und erst recht nicht zum Spielen.

In den öden Klassenräumen waren horizontal verlaufende, schmale, oben und unten mit Neonröhren versehene Spiegel an den Wänden angebracht, vor denen die Kinder auf Bänken hockend beobachten mussten, ob ihre Mundbewegungen so waren, wie man sie ihnen gezeigt hatte. Wenn sie beispielsweise sahen, wie ihre Backen sich blähten und die Lippen erst zugepresst waren, dann plötzlich aufsprangen, der Mund sich weit öffnete und danach die Zungenspitze hinter den oberen Schneidezähnen verschwand, es zugleich in ihrem Brustkasten zitterte, war ihnen dies ein Zeichen, dass andere Menschen etwas bemerken, was diese «hören» nennen, und dann wissen diese anderen Menschen, dass damit das Runde gemeint ist, mit dem man werfen darf. Das Ganze bedeutet «Ball»! Ihre Hände mussten sie zur Kontrolle einmal auf die Backen, ein andermal auf die Brust oder aber auf den Kopf legen, um zu fühlen, ob es dort jeweils vibrierte. So sollten sie eine Wahrnehmung ihres eigenen gesprochenen Lautes erhalten, denn jeder Laut vibriert an anderer Stelle und je nach Laut auch noch unterschiedlich. Aber auch Tonhöhe und -stärke ließ sich auf diese Weise kontrollieren.

Schrecklich war es anzusehen, wenn etwa ein munteres Bürschchen der zweiten Klasse nach ungefähr einer Viertelstunde anfing, in den Spiegel Frätzchen zu schneiden, und er daraufhin mit einem Lineal von hinten eins übergezogen bekam. Es fuhr jämmerlich zusammen, allein schon deshalb, weil taube Menschen keine Wahrnehmungen haben, was hinter ihnen stattfindet, und deshalb das Herannahen eines Lehrers nicht bemerken. Umso mehr musste sich so ein Bübchen erschrecken. – Mein großer Lichtblick war die vierte Klasse. In ihr traf ich auf einen Lehrer, der sich in einem lebendigen Unterricht mit den Kindern fortwährend in kleinen Geschichten und Handlungen sprechend bewegte. Zum Thema «Apfelernte» malte er beispielsweise einen riesigen Apfelbaum an die kahle Wand und befestigte daran kunstvoll kleine, rote Äpfel. Er brachte Leiter und Körbe mit, was bei den Kindern eine richtige Erwartungsfreude auslöste. Jeder durfte ernten und bei jedem Handgriff und bei jeder Beinbewegung musste dazu gesprochen werden. Neue Worte wurden vorher mit Bewegungen geübt. Mit ihm war eine wunderbare Verständigung möglich.

Im Übrigen flößte mir die Aussicht, in dieser Umgebung zu arbeiten, ein Grauen ein. Wie sollte ich ohne Sprache, ohne Musik Eurythmie machen – mit Kindern, die weder an eine Nachahmung lebendig atmender Bewegungen gewöhnt waren noch an das Erlebnis des Rhythmischen. Nun sollten sie plötzlich Bewegungen machen, die weder zu Informationen taugten noch eine sportliche Leistung darstellten.

Nun kam der Oktober heran, in dem eine Probestunde vor dem gesamten Kollegium stattfinden sollte. Dabei sollte festgestellt werden, ob Eurythmie für Taubstumme nützlich sei oder nicht. Ich wusste nicht, ob im Falle einer Ablehnung auch meine übrigen eurythmischen Aktivitäten auf dem Spiel standen, daher traf ich morgens vor Aufregung mit feuchtkalten Händen und Füßen in der Schule ein. Um nach einstündiger Straßenbahnfahrt im menschenüberfüllten Wagen zu mir selbst zu kommen, suchte ich einen einsamen Ort für eurythmische Konzentrationsübungen. Es fand sich kein anderer als die Toilette. Zu Hilfe kamen mir die aufmunternden Worte des Direktors und die freundlichen Blicke des Lehrers der vierten Klasse. Mit ihm und seinen zwölf Kindern hatte ich diese Stunde vorbereitet. Es waren die einzigen Kinder in der Schule, wie ich in meiner Hospitationszeit feststellen musste, bei denen die Nachahmung aus Bewegungsfreude hervorging. Freudig standen sie im Kreis und hoben strahlend ihre Arme. Mit ihnen zogen wir den Kreis zusammen, dehnten ihn wieder aus und zählten acht lustige Hüpfer im Kreise ringsherum springend. Dann teilte ich stolz Stäbe aus, die ich gerade in Berlin geschenkt bekommen hatte, und wir machten einige Geschicklichkeitsübungen. Die «Wasserfallübung», für die ich vorher einen großen Springbrunnen an die Tafel gemalt hatte, brachte besonders viel Spaß. Dazu kam eine Übung, bei der sich zwei Kinder einen horizontalen Stab rhythmisch zuwarfen, was ich einige Tage zuvor mit jedem Kind einzeln im Klassenraum geübt hatte.

Begleitend zu den Übungen gab ich den etwa dreißig Lehrern Erläuterungen, wie bei der Eurythmie Raum- und Gestalterleben geschult würde, eine Kontaktaufnahme mit anderen Menschen entwickelt werden könnte. Durch die übliche Art des Sprechenlernens der Taubstummen würde dies kaum gepflegt, weil ihre Aufmerksamkeit dabei nur auf ihren eigenen Körper gelenkt wäre. Mithilfe des Klassenlehrers ließ ich die zwölf Kinder ein großes Dreieck bilden und von Platz zu Platz drei rhythmische Schritte machen, wobei ich auf ein tätiges Denken hinwies. Ich konnte auf einige Kinder aufmerksam machen, die sich dabei in musikalischem Schwung bewegten, im Gegensatz zu anderen, die den Rhythmus nur konstruktiv abschritten. Damit wollte ich der dort gängigen Meinung entgegenwirken, dass Musikalität bei Taubheit nicht möglich sei.

Zum Abschluss der Demonstration fassten wir uns im Kreis an den Händen und mit geschlossenen Füßen, den Rhythmus hüpfend, sagten wir mehrmals: «Auf Wiedersehn!» Die Kinder waren begeistert und sprangen glücklich von dannen. Viele Lehrer waren nun von der Nützlichkeit der Eurythmie überzeugt, ja fanden sie sogar notwendig. Ich hoffte, dass bemerkt wurde, dass so eine Stunde, wie sie einmalig in der vierten Klasse gelang, nur zusammen mit einem lebendig unterrichtenden Lehrer möglich sei. Es wurde noch mächtig über die Musikalität von tauben Menschen gestritten, doch alle waren sich einig, dass ich viel mit einzelnen Kindern arbeiten müsse. – Die behördlichen Regelungen sollten zum Glück erst bis gegen Ende des Jahres fertiggestellt sein. An zwei Vormittagen zu je vier Stunden sollte ich künftig mit den Kindern arbeiten, und dafür brauchte ich noch intensive Vorbereitungszeit, denn es mussten ja neuartige Ideen entstehen. Außerdem hatte ich inzwischen siebzehn Kurse in der Woche, verteilt in und um ganz Dresden an elf verschiedenen Orten. Dadurch verbrachte ich zwanzig Stunden in der Straßenbahn, die Wartezeiten nicht mitgerechnet. Meine Vorbereitungszeiten waren knapp bemessen.

Ausgerechnet für den Kurs mit den schwerhörigen Damen fanden Frau Weyrather und ich nach langem, verzweifeltem Suchen keinen anderen Raum als die berühmte Kakadu-Bar. Sie befand sich in einem ehemals vornehmen Hotel in der besten Gegend Dresdens, im ehemaligen Lahmann'schen Sanatorium auf dem Weißen Hirsch. Zinnoberrote Wände waren verziert mit Kakadus und weißen Äffchen, die auf den gemalten Ästen herumkletterten und auf uns niedersahen. (Leider war dies in dem Film *Die Kakadu-Bar,* der 2001 über die Jugendszene in der DDR gedreht wurde, kaum noch zu sehen.) Dazwischen waren große Spiegel angebracht, sodass wir uns selbst zwischen diesen Tieren eurythmisch bewegen sahen. Trotz des Ruhetages roch es empfindlich nach Alkohol und kaltem Zigarettenqualm. Auch störte die Bar und die leise Musik mit ihren dumpfen Bässen aus einem Nebenraum – alles bei beachtlicher Miete. Den Rentnern waren vier Mark das Höchste, was sie im Monat für die Eurythmie aufbringen konnten. Die anderen Kursteilnehmer zahlten sechs Mark. Wie gut, dass es einige wenige gab, die zehn Mark zahlen konnten, denn ich wollte ja von diesen Geldern nicht nur meine «Halbpension» bei Frau Weyrather finanzieren, sondern auch Stoffe für Eurythmie-Kleider kaufen, später einen blauen Vorhang als Bühnenhintergrund und eine Beleuchtung für Aufführungen.

Die kommenden Monate ließen mich oftmals zweifeln, ob ich alles schaffen würde – wie auch einige sehr verzagte Sätze aus den Briefen an meine Mutter dokumentieren. Doch wechselten diese Sätze mit denen der Freude, die ich an den Menschen erlebte, die mit solcher Hingabe und Dankbarkeit Eurythmie in sich aufnahmen, weil sie durch diese ein Leben spendendes Element in ihrem grauen Alltag erfahren konnten – so wie die Eurythmie überall und zu jeder Zeit empfunden werden kann: als Raum- und Zeitverwandlungskunst, in der man sich selbst verwandelt. Dies heißt, Eurythmie als existenziell erleben! Aufgrund dieser Erfahrung gehören die Jahre in der DDR zu den schönsten meines Lebens.

Wie sich die Eurythmie in Dresdens sozialistischen Alltag einwurzelte

Mit dem sicheren Gefühl, dass Eurythmie etwas Existenzielleres bedeuten kann als alle politischen Bedrohungen, wurzelten die Menschen in Dresden diese Kunst in ihre Stadt ein. Und ich konnte durch diese Überzeugung die langen Fahrten in den ungeheizten, ständig überfüllten Straßenbahnen überstehen, selbst in den sehr kalten Wintern. Um nicht völlig geistentleert zu den Kursen zu erscheinen, las ich in jeder Stellung, sei es hängend am Lederhandgriff, sei es eingepfercht zwischen den Mitfahrenden, während eine köcherartige Tasche mit den Kupferstäben an meiner Schulter baumelte und die schwer schaukelnden, quietschenden und ruckelnden Waggons über die provisorisch geflickten Gleisanlagen fuhren. Ich las Goethe – erst die Briefe, die *Wahlverwandtschaften, Wilhelm Meister* und dann die *Italienische Reise*, die mir, wie ich meiner Mutter schrieb, Sehnsucht nach dem Süden verursachte, gedenkend all meiner Freunde im Westen, denen es vergönnt war, solch schöne Reisen zu unternehmen. Goethes Sprache aber ernährte mich. Ich erlebte intensiv, wie mit ihr eine gesundende Kraft in mich einzog. Mithilfe gut verpackter, heimlich geschickter Medizin, zum Beispiel Infludo (es war verboten, Medikamente zu schicken), und Unmengen an Tempo-Taschentüchern von meiner Mutter bewältigte ich meine Erkältungen immer «im Stehen» – aber auch die abverlangte Intensität der Arbeit hielt mich aufrecht.

Leider zu selten erwischte man jene Straßenbahn, in der ein alter, origineller Schaffner, sich durch die Menschenmassen drängelnd, Fahrkarten verkaufte. Wenn unterwegs vor großen Läden lange Menschenschlangen zu sehen waren, rief er mit seiner gebrechlichen Stimme laut durch den Waggon: «Bitte aussteigen, hier gibt's Butter!», oder ein andermal «... hier gibt's Klopapier!» (Dies war hart, rau und grau – wie die ganze DDR!) Einige Leute fielen nicht in das erlösende Lachen ein, ihre Gesichter verhärteten sich. Als wir einmal schon zusammengepresst nur noch wie die Heringe nach Luft schnappen konnten, schob er in seiner Gutmütigkeit weitere draußen Stehende in diese Enge hinein und rief mit seinem trockenen Humor: «Meine Herrschaften, durchtreten bitte!» Eine scharfe Stimme erhob sich aus der Menge: «Wir haben hier keine Herrschaften!» Darauf unser Schaffner: «Arbeiter und Bauern, tretet durch!» Dröhnendes Gelächter war die Antwort. Der ganze Wagen bebte. Ja, das waren willkommene Ventile, durch die man sich ein wenig Luft verschaffte in diesem Arbeiter- und Bauernstaat.

Es kam die Weihnachtszeit. Für die Kleinsten sammelten Frau Weyrather und ich Moos und Tannenzweige im Wald, dann bauten wir das Adventsgärtlein auf. Meine Mutter hatte mir zwölf Äpfel und eine dicke, rote Kerze geschickt, die viele Jahre halten sollte. Das Grün aus dem Wald wurde in einer großen Spirale in den Raum gelegt, in deren Mitte die rote Kerze prangte. An ihr entzündeten die Kinder ihre Kerzlein, die in den Äpfeln steckten. Unvergesslich ist mir die Innigkeit, mit welcher die ringsherum sitzenden Mütter dabei Weihnachtslieder sangen. Eine helle Seligkeit verbreitete sich im Raum und ein schöner alter Druck der *Sixtinischen Madonna* war auch dabei.

Für die verschiedenen Kinderkurse der Älteren wurde eigens eine Weihnachtsfeier zusammen mit den Pfarrern der Christengemeinschaft veranstaltet, bei der sich die Kinder gegenseitig zeigten, was sie in der Eurythmie bisher gelernt hatten. Auch die beiden Jugendkreise und die Studentengruppe führten bei einer Feier im engen Gymnastikraum gegenseitig das Gelernte vor. Das war möglich, weil ein Nachbarraum durch eine große Türöffnung mit dem Gymnastikraum verbunden werden konnte, in dem dann die jeweiligen Zuschauer saßen. Ich hatte erstmals Gelegenheit, Gedichte und Musikstücke eurythmisch vorzuführen, wobei die unentbehrliche Frau Weyrather ständig vom Sprechen zum Klavierspielen wechseln musste. Das tat sie dann auch bei den folgenden Weihnachtsfeiern, bei denen ich immer vier Erwachsenenkurse zusammenfasste.

Bei diesen Feiern sahen sich viele Anthroposophen Dresdens zum ersten Mal, was auf Jahre hinaus eine neue Art der Zusammenarbeit bewirkte, die sogar noch die Grundlage für den Neuanfang anthroposophischer Arbeit nach der Wende bildete. Die Stimmung war teilweise sehr ernst. Als wir bei der Letzten dieser Feiern zusammen die Gebärden von «Licht strömt aufwärts, Schwere lastet abwärts» machten, hatten wir alle das Gefühl einer weit ausstrahlenden Helligkeit, von einem neuen Licht in der Trümmerstadt Dresdens umgeben zu sein.

Als Letztes folgte noch eine gemütliche Feier im Hause von Dr. Kurt Magerstädt. Dort hatte sich ein kleiner Kurs mit lauter Dresdener Professoren gebildet. Über diesen schrieb ich meiner Mutter: «Letzte Woche fing der Kurs bei Dr. M. an. Du, mich verreißt's schier vor Lachen – diese krachende Energie – diese sprühende Intensität! Ob ich diese Strapaze des Nicht-Lachen-Dürfens auf die Dauer aushalte?!» Dabei erinnere ich mich, wie bei der Form des «I-A-O», bei der die Vokalstimmungen durch Laufen im Raum «vergrößert» werden, Dr. Magerstädt als kompaktes Tönnchen beim O-Kreis von seinem feurigen Willen in eine Drehung getrieben wurde, die ihn alsbald zum eigenen Erstaunen trudelnd hinter seinem großen Gummibaum verschwinden ließ. – Nun, auch diese Professoren hatten sich vor ihrer gemeinsamen Eurythmie noch nie zusammengefunden. So war dieser weihnachtliche Abend, an dem auch die Ehefrauen dabei waren, ein Novum. Bei diesem Fest hatte ich das einmalige Glück, Dr. Magerstädt über seine Begegnungen mit Rudolf Steiner erzählen zu hören und über seine Unternehmungen in jungen Jahren zusammen mit Emil Bock. Nun nahm er sich energisch meiner Erkältungskrankheiten an. Er war schließlich einer der berühmtesten Ärzte in der DDR, in seiner Praxis begegnete man den Größen des Zentralkomitees der SED. Er stellte morgens ab fünf Uhr eigenhändig die Medikamente her, deren Grundsubstanzen irgendwie eingeschmuggelt worden waren. Leider ist unser lieber Doktor ein gutes Jahr später legal nach München übergesiedelt – ein harter Verlust für uns alle. Aber er hätte diese Lebensweise gesundheitlich auch nicht länger ausgehalten, eine Lungenentzündung hatte ihn bereits an den Rand des Todes gebracht.

Ein anderes ärztliches Glück widerfuhr mir, als ich im Oktober zu allem Überfluss auch noch Zahnschmerzen bekam. Ich ging zu Dr. Wagenknecht, dessen Frau im Alte-Damen-Kurs Eurythmie machte. Er stellte dreizehn Löcher fest, worauf er mitteilte, man müsse sich einmal meinem Munde in Liebe annehmen. Die Folge war, dass wir uns an unserem gemeinsamen freien Nachmittag in seiner Praxis trafen, in der ich nun während zweieinhalb Stunden bei geöffnetem und verklammertem Mund seiner Liebe ausgeliefert war. Dafür machte er alles kostenlos.

Im Dezember musste ich dann doch noch mit der Arbeit in der Gehörlosenschule beginnen. Ich schrieb meiner Mutter, wie quälend und unbefriedigend es anfangs war, ausgenommen in der vierten Klasse. Ich erinnere mich, all mein Moos und Tannengrün nebst Kerzen in einem großen Sack dorthin befördert zu haben. Mittels eines weißen Eurythmie-Kleides und -schleiers musste ich ohne Musik eine Advents-Gärtlein-Stimmung und mithilfe des netten Klassenlehrers eine Feier gestalten. Sie machte wohl großen Eindruck auf die Kinder.

Nachdem ich mein zur Schneiderwerkstatt umfunktioniertes Zimmerchen wieder in seinen Normalzustand zurückverwandelt hatte – in den letzten Nächten hatte ich für die verschiedenen Weihnachtsfeiern viele Kleider und einen blauen Hintergrundvorhang aus einem DDR-typischen viskoseartigen Material genäht – genoss ich die einsame Stille meiner eigenen Weihnachtsfeier, bei der Novalis mein Genosse war. Bis zum Aufbruch zur Mitternachtshandlung in der Christengemeinschaft, bei der ich versprochen hatte, zu flöten, wurde im Kreise unserer Hausgemeinschaft tüchtig musiziert. Dorothea Weyrather spielte schon sehr schön Cello.

Zum Jahreswechsel hatte ich für drei Tage eine Aufenthaltsgenehmigung für das Vorbereitungstreffen zur großen Christengemeinschafts-Jugendtagung auf dem Wirsberg bei Plauen bekommen, auf der ich, wie schon drei Jahre zuvor, einen Eurythmie-Kurs gab. Ich war der Verzweiflung nahe wegen der Lässigkeit der Jugendlichen, die aus zahlreichen Ländern kamen, sich für die dortige Jugendarbeit verantwortlich fühlten, hier nun bei ihrem sonstigen Ernst die Eurythmie lediglich als eine hübsche Abwechslung betrachteten. Ein Lächeln überkommt mich, wenn ich daran denke, wie ich in Rage geriet und meinte, sie mögen doch die Eurythmie lieber nicht in ihre Tagungen aufnehmen, wenn sie den Wert der unbegrifflichen Geistigkeit im Bewegen des ganzen Menschen nicht erkennen könnten und diese nicht ebenso in ihre Vorbereitungen einbeziehen würden wie das Inhaltliche. Ich forderte auch eine Zusammenarbeit mit den Priestern und wollte nicht immer nur ahnen müssen, was zwischendurch wohl eurythmisch zu den Themen passen könnte. Eine ganz andere Substanz würde durch das aufeinander Eingehen entstehen.

In Lothar Reubke, einem Musiker und späteren Priester, hatte ich eine wunderbare Unterstützung und wir machten das echte Zusammenwirken mit dem Künstlerischen zu unserem gemeinsamen Anliegen. So überzeugten wir die ganze Gruppe. Jetzt erst begann die Arbeit fruchtbar zu werden und Freude zu machen.

Ich erwähne diesen Kampf um die Stellung der Kunst, weil er auch heutzutage immer wieder ausgetragen werden muss. Jeder Künstler kennt ihn.

Das Jahr 1957 begann in Leipzig, wohin ich reiste, um den Studierenden wieder einen Intensiv-Kurs zu geben. Hinzu kamen die Eurythmie-Stunden für den dortigen Jugendkreis. Beide Aufgaben sollte ich dann in den nächsten Jahren während der Ferien weiterhin wahrnehmen. Wieder in Dresden, startete ich nun ohne Pause mit ziemlichem Lampenfieber in meine zweite Arbeitsperiode in der Gehörlosenschule. Ich betrachtete es aber doch als meine vornehmlichste Aufgabe, gerade auf dem Gebiet des Künstlerischen meine Kraft einzusetzen und damit die graue Atmosphäre ein wenig aufzulichten. Da ich merkte, dass ich in meiner Unerfahrenheit mit Kindern und besonders mit den gehörlosen Kindern gründlichere Vorbereitungen brauchte, bat ich um eine reduzierte Arbeitszeit auf je drei Stunden an den beiden Vormittagen der Woche, um genügend Kraft für meine geliebte Kunst erübrigen zu können.

Während der Faschingsvorbereitungen mit den Ausarbeitungen von Humoresken und anderem wurde ich tatsächlich von Professor Gaillard in seine Inszenierung von Brechts *Leben des Galilei* und anschließend zu ihm privat eingeladen. Dort erfuhr ich von seiner Frau, dass sie viel lieber in Arlesheim als Heilpädagogin im anthroposophischen Kinderheim arbeiten würde, als sich in der DDR aufhalten zu müssen. – Wie beabsichtigt hospitierte ich auch bei Gret Palucca, was mir viel Spaß bereitete und vielfältige Anregungen für die Gestaltungen der Faschingsfeste für die Erwachsenen lieferte. Die von mir aufgegriffenen Bewegungs- und Stellungsanweisungen machten sich bei Ungeübten ungemein kurios. Mit weit ausgestreckten Armen standen wir, mit dem Oberkörper nach vorne gebeugt und auf einem Bein stehend, dann als Ganzes vibrierend, oder wir rollten mit vorgerecktem Kopf fächerartig unsere gespannten Hände – alles mit Musik. Wir hatten großen Spaß, ein Effekt, den sich Palucca sicher so nicht gedacht hatte. Im Übrigen erzählte sie mir, Eurythmie durchaus zu kennen, ja sie sei sogar mit einer Eurythmistin befreundet. So fand ich überall geheimnisvolle Beziehungen.

Zu meiner großen Freude kam meine Mutter in ihren Osterferien für einige Tage zu Besuch. Sie konnte die kleinen Aufführungen meiner Kurse sehen, was für mich eine gewisse Stärkung bedeutete, weil in ihr einmal eine Kundige meine Arbeit wahrnahm. Meine fassungslose Mutter war doch sehr entsetzt über die Hässlichkeit meiner jetzigen Umgebung: Keine stehen gebliebene Häuserfassade war unbeschädigt, jede Mauer, jeder Zaun war demoliert – und überall herumliegende Trümmerstücke. Die halbwegs bewohnbaren Häuser waren so heruntergekommen, dass in ihnen kein Treppenhaus hell oder gar freundlich zum Eintreten einlud. In den Wohnungen selbst hatten die Menschen mit den primitivsten Mitteln versucht, deren Enge erträglich zu gestalten. Seit der Vorkriegszeit war keine Wand, keine Tür, kein Fenster renoviert worden. Dieser abbröckelnde, staubig dunkelgraue Zustand war für meine Mutter schon nach wenigen Tagen schwer zu ertragen. Die ausgedehnten Trümmerfelder der Innenstadt und die trostlosen Plattenbauten in Dresdens Randgebieten deprimierten sie vollends. So war der Abschied teils schmerzlich, teils erleichtert.

Inzwischen hatte ich auf Umwegen mit dem heilpädagogischen Heim Camphill in Schottland Kontakt aufnehmen können. Ich hatte gehört, dass dort mit Gehörlosen gearbeitet wird. Allerdings konnte ich nur Anregungen bekommen, in welche Richtung man arbeiten müsse, da die dortigen Einrichtungen ganz andere Möglichkeiten boten, zum Beispiel für Farbtherapie. – Bis zum Sommer hatte ich meiner vierten Klasse der Gehörlosenschule das erste Märchen ihres Lebens nahegebracht. Mit Malstiften aus dem Westen ließ ich sie Dornröschen als «Fortsetzungsroman» von der Tafel abmalen, jede Stunde ein Bild. Für die Feen brachte ich Schleier in Form von gefärbtem Mull mit. In meinem Jugendkurs waren nämlich einige Krankenhaus-Schwestern, die mir den Windelstoff unauffällig beschaffen konnten. Rosen aus westlichem Krepppapier, Material für Kronen und Schwert aus einem Paket von meiner Mutter ließen das Märchen allmählich als stummes, rhythmisches Geschehen entstehen. Kaum saß ein Kind mit einer Krone auf einem als Thron zubereiteten Stuhl, nahm es eine wahrhaft königliche Haltung ein, obwohl es noch nie vorher etwas von einem König hatte erfahren können. Auch schienen die farbigen Mulltücher ganz selbstverständlich das Feenartige zu vermitteln.

Ohne die Zaubermacht der Sprache war es sehr schwer, die Kinder in einer kontinuierlichen Aufmerksamkeit zu halten, selbst mit der Hilfe des Klassenlehrers nicht, der zum Glück von dieser Unternehmung sehr angetan war. Dagegen nicht so sehr der Direktor: Als er davon hörte, meinte er, ich sei nicht für hübsche Geschichten da, sondern ich solle dafür sorgen, dass die Kinder durch das Bewegen zu lockerem Sprechen geführt werden. Am Ende des Schuljahres sollte eine staatliche Kommission feststellen, ob meine Tätigkeit nützlich sei oder nicht, denn der Staat habe kein Geld «für Mätzchen» – eine Situation, die sich nicht nur in der damaligen DDR ereignen konnte! Uns kommt sie auch heute noch sehr bekannt vor.

In der letzten Schulwoche sollte also der aufregende Prüfungstag sein. Das gesamte Lehrerkollegium und die Repräsentanten des Staates waren im relativ großen, aber recht dunklen Lehrerzimmer versammelt. Erst führte ich meine zahlreichen «Einzelkinder» vor. Ich nahm sie bei beiden Händen und hüpfte mit geschlossenen Füßen rhythmisch einen vorbereiteten Satz, den ich sprechend bei gleichzeitigem Hin- und Herwerfen eines Kissens wiederholen ließ. So sollte das Erleben angeregt werden, damit das Gesprochene beim Gegenüber ebenso ankommt wie das Kissen. Nach einer individuellen, kleinen Stabübung formten wir gemeinsam eurythmisch die Laute der Namen jedes Kindes, was von allen sehr gern gemacht wurde, vor allem, wenn sie den Namen einmal traurig und einmal fröhlich oder sogar zornig gestalten durften. Dann kamen die Gruppen herein, mit denen ich hauptsächlich rhythmisches Hüpfen im Wechsel von zusammenziehenden und befreiend lösenden Bewegungen geübt hatte. Am Schluss erschien nun die verkleidete vierte Klasse für ihr Märchen, das *Dornröschen*. Angesichts dieses ehrwürdigen Publikums erkannte ich meine Kinder nicht wieder! Tatsächlich hatten sie plötzlich keinerlei Konzentrationsschwierigkeiten, machten teilweise sogar anmutige und strömende Bewegungen und verzauberten ihr Publikum.

In der anschließenden Besprechung herrschte völlige Einstimmigkeit: Eurythmie gehöre eigentlich als obligatorisches Fach in jede Gehörlosenschule. – Aber wie erstaunt war ich, als ich nach der Sommerpause die Nachricht vorfand, dass keine Genehmigung erteilt worden sei. Die Lehrer vermuteten, dass man nach dem Verbot der Waldorfschule auch keine Anleihen von dieser mehr machen wollte. Ich empfing diese Mitteilung mit einem lachenden und einem weinenden Auge und hoffte, dass vielleicht der eine oder andere Lehrer etwas von dem rhythmischen Arbeiten aufgreifen würde. All die schönen Ratschläge, die ich während der letzten Sommerferien in Dornach aus berufenem Munde erhalten hatte, konnte ich nun nicht mehr umsetzen. Beispielsweise hatte mir Isabelle de Jaager, eine der «Ur-Eurythmistinnen» und als Heileurythmistin berühmt, viele gute Hinweise gegeben. Doch blieb ich wenigstens mit zwei der Gehörlosen-Lehrern weiterhin in losem Kontakt.

Ein eurythmisches Intermezzo im Westen

In der Sommerpause 1957 waren wieder die Kurse in Leipzig fällig. Danach fuhr ich mit wehenden Fahnen nach Köngen. In diesem Jahr war es noch relativ einfach, eine Aufenthaltsgenehmigung zu bekommen, zumal ich angeben konnte, dass alle meine Verwandten im Westen lebten. Ich genoss die Eurythmie innerhalb einer geschulten Gruppe in vollen Zügen, wie man es nur kann, wenn man sich über ein Jahr als schutzloser Einzelkämpfer bewähren musste. Die große, alljährliche Eurythmie-Aufführung für die internationale Lehrertagung in Stuttgart stand bevor und da jemand aus der Bühnengruppe krank geworden war, musste ich einspringen und innerhalb von zwei Wochen ein ungeheures Pensum lernen. Die beiderseitige Dankbarkeit, dass ich gerade zur rechten Zeit gekommen war, trug mich, sodass ich mich mehr recht als schlecht schlagen konnte. Dann musste ich, so wünschte es Else Klink, vor der ganzen Schule von meinen Erlebnissen in der DDR berichten, was ich besonders gern tat. Denn es war mir ein großes inneres Anliegen, dass im Westen ein teilnehmendes Mitdenken an der Situation im anderen Teil Deutschlands einsetzen möge.

Anschießend nahm ich an der Sommertagung während des erwähnten Dornach-Aufenthalts teil, was durch die finanzielle Unterstützung meiner sparsam lebenden Mutter möglich war. Außerdem bekam ich als DDR-Bürgerin die Tagungskarte umsonst, dazu ein billiges Quartier. Die Einreise in die Schweiz war nur möglich, weil mir die westlichen Behörden einsichtigerweise einen Pass ausstellten, den ich nach meiner Rückkehr bei ihnen hinterlegen konnte. – Zwischen den Vorträgen und dramatischen Aufführungen nahm ich an den Kursen für Eurythmisten bei Lea van der Pals und Margarete Proskauer teil, beide berühmte Eurythmisten der ersten Stunde von Format. Dadurch bekam ich viele Angaben Rudolf Steiners noch aus erster Hand vermittelt, wie beispielsweise die Bewegungsarten der Kulturepochen, wobei mich der Unterschied der majestätischen Gestaltung eines ägyptischen Sonnengesangs zu dem schwungvollen Hexameter eines griechischen Hymnus besonders beeindruckte. Dazu wurde die kraftvolle germanische Alliteration erübt. In Dornach empfing mich eine Offenheit, die mich überraschte, ein Interesse für meine Probleme und warmherzige Zuwendung, besonders von Marie Savitch. Sie nahm mich in die russischgroßzügige Unordnung ihres Ateliers mit und bestärkte mich in dem Gefühl der Bedeutsamkeit meiner Aufgaben. Außerdem gab sie mir Anweisungen, was und wie ich mit begabten jungen Menschen arbeiten müsse, wenn diese einmal Eurythmie studie-

Marie Savitch, die mitfühlende Seele in Dornach.

ren wollten und sich nur ein verkürztes Studium leisten könnten. So fühlte ich mich an die länderübergreifende Eurythmie-Arbeit angeschlossen. Das sollte dann auch für einige meiner Schüler seine guten Folgen haben.

Auf dem Rückweg besuchte ich noch so viele Freunde wie möglich und landete alsbald wieder erfüllt und voller Elan in der grauen Welt meiner Wahlheimat. Als Erster umschlang mich dort der fünfzehnjährige Bernhard Weyrather mit seinen langen, knochigen Armen.

DAS WACHE AUGE DES STAATES

Das zweite Jahr war geprägt von den verschiedensten Raumnöten, -erkundungen, -entscheidungen und den dazugehörenden Enttäuschungen. Die Kurse vermehrten sich und nun hätte ich auch gar keine Zeit mehr für die Gehörlosenschule gehabt. Gut, dass mein dortiges Ausscheiden keinerlei Einfluss auf meine freie Arbeit hatte, da zum Glück verschiedene Behörden für die jeweiligen Genehmigungen verantwortlich waren. – Im Übrigen entnehme ich aus den Andeutungen in den Briefen an meine Mutter, «dass die Zügel grimmig angezogen» worden waren, was sich auf die allgemeine Stimmung recht belastend auswirkte. Und weiter schrieb ich: «Heute wollte ich mir nun einen ruhigen Sonntag gestatten, aber, o Graus, es muss plötzlich alles Geld umgetauscht werden, und zwar hoppla-di-hopp! Das wird ein Gedränge geben. Für die Leute, die zufällig nicht zu Hause sind, sehr zum Nachteil. Das gibt Verluste!» – Wie sich dann herausstellte, sollte die Aktion wohl bezwecken, dass das durch Schwarzhandel angehäufte Geld auf westlichen Banken ungültig wird. Wie auch immer, der Umtauschkurs blieb: Man bekam für vier Ostmark eine Westmark.

Die «grimmig angezogenen Zügel» äußerten sich auch darin, dass es die Aufenthaltsgenehmigung nur noch für Verwandtenbesuche und bloß einmal im Jahr für eine befristete Zeit gab. – Eine andere Auswirkung bestand darin, dass der Wohnraum, den Weyrathers bisher hatten, auf das erlaubte Maß beschränkt wurde. Es sollte nun ein alter geflohener griechischer Kommunist zusätzlich bei uns untergebracht werden. Da war nun guter

Rat teuer, denn alle Zimmer des Untergeschosses dieser alten Villa gingen ineinander über. Also kam nur meine kleine Stube, eine nicht heizbare ehemalige Abstellkammer hinter der Toilette, die ich mir einigermaßen wohnlich gemacht hatte, für unseren Griechen in Frage, weil nur sie einen eigenen Zugang hatte. So bat man mich, in das zentral gelegene Wohnzimmer umzuziehen. Es hatte fünf Türen. Die eine ging einstmals ins Treppenhaus, war nun aber mit einem eingebauten Regal ausgestattet, in dem Lebensmittel, gut erreichbar von der Küche aus, aufbewahrt wurden. An der Wohnzimmerseite war ein schönes Tuch davorgehängt. Ausgerechnet nur dort konnte meine Liege stehen, sodass mir jeder Griff nach Marmelade oder anderem von der Treppenhausseite deutlich wahrnehmbar war. Die anderen Türen gingen zu den Räumen der Familienmitglieder, die wiederum miteinander verbunden waren. Obwohl eine Tür meines neuen Wohnraumes mit Bücherregalen verdeckt war, fühlte ich mich alles in allem vom Familiengeschehen umbraust; bei halbwüchsigen Kindern ist dieses recht lebendig. Ein mächtiger Flügel, der von mir gern benutzt wurde, aber auch von den anderen, stand zu unser aller Glück in diesem prachtvollen Raum, daneben viele großartige Möbel, die von mir erst einmal als Fremdkörper erlebt wurden. Nur gut, dass meine Hauptvorbereitungszeit der Vormittag war, eine Tageszeit, zu der meine lieben Mitbewohner in der Schule oder bei der Arbeit waren. Da ich an den meisten Tagen bis 22 Uhr unterrichtete und eine Straßenbahnfahrt von einer Stunde hatte, schliefen bereits alle, wenn ich heimkam. Das Leisesein fiel mir naturgemäß leichter als der Jugend anderntags um sechs Uhr in der Frühe.

Auch wenn dies alles recht belastend war, so doch nicht zu vergleichen mit der zermürbenden Raumsituation bei meinen Eurythmie-Kursen. Da musste ich mir immer wieder sagen: Du wolltest es so! Du wolltest die Folgen des vergangenen Krieges am eigenen Leibe kennenlernen, nämlich das Leben im geteilten

Deutschland und damit auch die östlichen Verhältnisse. Das sind eben die Konsequenzen! – Da erschien im Laufe dieses Jahres ein Lichtblick in Form von Florian, der mir ja schon den Raum bei der Gymnastik-Lehrerin besorgt hatte. Er war nach abgeschlossener Diplomarbeit wieder zurück nach Dresden gekommen. Zu unser aller Freude würzte er den Studentenkurs mit neuer Frische, so zum Beispiel wurde nach der Eurythmiestunde, in der der Stabreim durchgenommen wurde, diese Sprachform auch in der weiteren Unterhaltung beibehalten, was dem Sächsischen und der hier verbreiteten melancholischen Gemütslage recht gut bekam. Vor allem aber fühlte sich Florian weiterhin für die Raumsuche verantwortlich.

Zuvor musste von mir ein zeitaufwändiges Projekt aufgegeben werden. Die betreffenden Räumlichkeiten waren zwar günstig gelegen, doch hätte der Ausbau die wirklich große Opferwilligkeit meiner Schüler überstiegen, ebenfalls meine zeitlichen Möglichkeiten, an deren Grenzen ich schon bei der Planung gestoßen war. Hinzugekommen wäre die unvorstellbare Schwierigkeit bei der Beschaffung von Baumaterialien, die in der DDR üblich war. Versuchte man beispielsweise, einen Wasserhahn zu ergattern, war man glücklich, nach langer, kalter Fahrt durch die Ruinenstadt mit einem Kilo verschrumpelter Äpfel nach Hause zu kommen. Jeder Erwerb von Nägeln oder gar Farben war ein endloses Abenteuer mit ungewissem Ausgang. Da all die lieben Menschen meines Bekanntenkreises in ihrem Alltag übermäßig beansprucht waren, war ich bei diesen Unternehmungen auf mich alleine angewiesen. Meine Hauptkraft sollte aber der Eurythmie gewidmet werden. So war es schon eine Erleichterung, als mir nun Florian half, vereinzelte, noch private Gewerberäume oder auch Kirchen im Umkreis Dresdens aufzusuchen oder mir bei den Verhandlungen über die Nutzung eines Gemeinderaums – wenigstens für einen Abend in der Woche – beizustehen. Alles zerschlug sich, doch gemeinsame Enttäuschung trägt sich leichter. Säle in Hotels waren selbst an Ruhetagen entweder ausgebucht oder unbezahlbar. So galt es also weiterhin, Woche für Woche, immer woanders, größere und doch viel zu enge Wohnzimmer von idealistisch gesinnten Leuten aus- und wieder einzuräumen.

In dieser Situation war ich glücklich und dankbar für das Klassenzimmer in der Hilfsschule, das ich für den großen Kurs der Fortgeschrittenen von den dort unterrichtenden Lehrerinnen angeboten bekommen hatte. Wie ich schon erwähnte, war es mir nicht erlaubt, öffentliche Räume zu benutzen, und so konnte ich diesen Kurs nicht ordnungsgemäß polizeilich anmelden. Eines Tages nun, als ich einleitend meine lieben Damen veranlasste, durch musikalische Bewegung den Raum erst einmal «durchschwingen» zu lassen, um nachher recht lebendig Rudolf Steiners Eurythmie-Formen zu den Sprüchen des Seelenkalenders darin üben zu lassen, und wir uns gerade so beflügelt fühlten, pochte es laut an die Tür. Gleichzeitig wurde diese auch schon geöffnet. Sie befand sich im Rücken meiner Schwebenden, daher erblickte zunächst nur ich die fünf hereinstarrenden Männer. Allmählich verstummte die Musik und ich durchquerte den Raum, um ihr Anliegen zu erfragen. Die Gruppe bestand aus einem Uniformierten und drei oder vier Parteiabzeichen-Träger in Zivil. Der vorne Stehende klappte sein Revers um, damit ich dort ein kleines Schild erkennen sollte, und sagte: «Kriminalpolizei!», während er und die Übrigen eintraten.

Nun wurden wir angewiesen, die Stühle von den an den Wänden stehenden Schultischen herunterzuholen und uns zu setzen. Man befahl uns, die Ausweise zu zeigen, und der Kriminalbeamte fragte in scharfem Ton, was wir eigentlich am Nachmittag in einem öffentlichen Schulgebäude machen. Die Lehrerinnen dieser Hilfsschule beteuerten sofort, dass sie hier im Hause arbeiten, während ich von den wohltuenden Bewegungen der Eurythmie sprach, die ich den Lehrerinnen auf deren

Wunsch angedeihen lassen würde. Diese beteuerten dann auch gleich, wie nötig sie die Eurythmie als Ausgleich für ihre anstrengende Arbeit mit den behinderten Kindern hätten. Eine der Lehrerinnen, die sich mit ihrer Redegewandtheit schon unter den Nazis für ihren jüdischen Chef, den Leiter des Heilpädagogischen Kinderheims Bonnewitz, eingesetzt hatte, umgab die autoritär schweigenden Männer mit einem bewundernswürdigen sächsischen Wortschwall. Währenddessen konnte ich mich von meinem Schreck erholen und als der Kriminalbeamte nun fragte, was die Damen, die nicht zu diesem Haus gehörten, dabei zu suchen hätten, zog ich meine vielen von der Polizeistelle gestempelten Scheine hervor und bekundete damit, dass meine anderen Kurse angemeldete und somit erlaubte Veranstaltungen seien. Nur als Erleichterung für die Lehrerinnen dieser Schule hätte ich den Unterricht in ihren Klassenraum verlegt, worauf noch einige ihrer Freundinnen hinzugekommen wären. Ich hätte diesen Kurs als Weiterbildung im Sinne ihrer pädagogischen Aufgaben angesehen und es deshalb nicht für nötig befunden, um eine Spezialgenehmigung nachzusuchen. Alsdann überschüttete unsere bewährte Redekünstlerin den so trockenen Beamten erneut mit einem ihn überschwemmenden Wortstrom. Daraufhin bekam der Uniformierte die Anweisung, die Namen der Anwesenden und die Nummern ihrer Ausweise aufzuschreiben, meinen Ausweis hingegen einzukassieren. Dabei herrschte eisiges Schweigen. Grußlos verließen die Männer den Raum. Da saßen wir nun wie gelähmt, ertappt auf frischer Tat – ein Häufchen Unglück.

Der Umstand, der unsere Unternehmung auffliegen ließ, stellte sich bald heraus: Die Hortnerin hatte allwöchentlich an unserer Tür gelauscht und so merkwürdig klingende Worte vernommen, die ihr offensichtlich regimefremd erschienen. Sie schöpfte Verdacht – und zeigte uns an. Unsere Hauptsorge war, dass der Vorfall zum Verbot der gesamten Eurythmie-Arbeit führen würde. Doch die Folgen dieser Attacke beschränkten sich darauf, dass sich auch mein Fortgeschrittenen-Kurs in irgendein Wohnzimmer zurückziehen musste und dass ich für die Zeit eines halben Jahres, in der ich ohne Ausweis war, Dresden nicht verlassen durfte – trotz einer Bescheinigung, dass ich Besitzer eines Ausweises wäre. Das Unangenehmste war jedoch, dass sich jede Nacht, wenn ich auf dem Heimweg meist allein die Straßenbahn verließ, sich von einem bestimmten Baum eine Gestalt löste, die mich in einigem Abstand verfolgte und wiederum hinter einem Baum wartete, bis ich die Haustür geschlossen hatte. Erleichtert atmete ich auf und schlich mich im Dunkeln in meine Kemenate. Meine Freunde meinten, dies sei ein Zeichen, dass auch meine sonstigen Wege überwacht würden, denn auf dieser kleinen Strecke könnte ja nicht viel Aufschluss über meine Person gewonnen werden. Es gehört für mich zu den wichtigsten Erfahrungen, einmal beschattet worden zu sein. Wie viele Menschen mussten solche Prüfungen in viel gefährlicheren Situationen durchstehen!

Nicht mehr lange sollte unsere improvisierte Arbeit unter diesen beengten Raumverhältnissen weitergehen. Es zeigte sich bald eine wunderbare Lösung. Aber davon später.

Ausgerechnet in der Zeit, in der «die Zügel so grimmig angezogen wurden», nachdem man diese nach dem großen Arbeiteraufstand am 17. Juni 1953 widerwillig gelockert hatte, kam der Sprachgestalter Bernhard Brons zum Ärger oder zur Besorgnis der Christengemeinschaft, aber auch der meisten Anthroposophen in der DDR, wieder einmal auf die Idee, seine Vereinigung als eine anthroposophische Gruppe offiziell anzumelden. Die anderen Gruppierungen hatten auf einen solchen Schritt verzichtet, weil nicht verboten werden kann, was «nicht existiert». Man sorgte sich wegen möglicher Nachforschungen. Auch die Christengemeinschaft wollte verständlicherweise nicht ausgekundschaftet werden, hatte sie doch, anders als in anderen Ostblockstaaten, das Privileg, als Kirche existieren zu dürfen, da sie schon vor der NS-Zeit bestanden hatte. Der Staat fürchtete eine zu große Empörung der westlichen Nachbarn, wenn kirchliche Aktivitäten zu stark eingeschränkt worden wären. Vor allem die großen Kirchen in Westdeutschland dürften unterstützend gewirkt haben. Dadurch war es der Christengemeinschaft in der DDR vergönnt, eine außerordentlich wichtige Arbeit während der ganzen Zeit der kommunistischen Herrschaft zu leisten. Diese wird heute viel zu wenig gewürdigt, obwohl sie für viele Menschen gleichsam lebensrettend war.

Die Aufregung, für die Bernhard Brons mit seinem Vorhaben sorgte, war auch deshalb verständlich, weil er schon 1949 den Anlass dafür gegeben hatte, dass die Waldorfschule in Dresden geschlossen werden musste. Mit einer Anmeldung war die Gefahr gegeben, dass jene Weltanschauung, «deren Zukunftsperspektiven denen des Staates entgegengesetzt sind», wie ich doch so treffend von den DDR-Kulturgrößen vernommen hatte, wieder die Aufmerksamkeit auf sich ziehen würde. – Man muss sich einmal vorstellen, was die Menschen in den vierzig Jahren kommunistischer Regierung alles getan hatten, nur um nicht aufzufallen. Bei den Treffen eines anthroposophischen Arbeitskreises verabredeten sich die Leute beispielsweise, zu verschiedenen Zeiten am Ort des Geschehens einzutreffen und möglichst einzeln und aus unterschiedlichen Richtungen zu kommen. Es galt ja das Gesetz, dass jede Versammlung von mehr als sieben Personen – auch Familienfeiern – anzumelden sei. Überall verstreut und dem gewöhnlichen Bürger unbekannt, wohnten sogenannte «Abschnittsbevollmächtigte», die ein bestimmtes Wohngebiet zu überwachen hatten. – Wenn alle Erwarteten eingetroffen waren, schloss man nicht nur die Türen, sondern auch die Fenster, selbst bei größter Hitze – und sprach leise. Auch wenn Bernhard Brons ganz im Sinne des Rates handeln wollte, den mir Else Klink auf den Weg gegeben hatte, nämlich nichts

Meine Umsteigestation «Postplatz», 1946.

Illegales zu tun, kam es unter diesen Umständen verständlicherweise zu starken Auseinandersetzungen, die sich zudem noch in aller Heimlichkeit abspielen mussten. Deshalb wurde beschlossen, eine große Versammlung in West-Berlin abzuhalten, auch um Unterstützung von westlichen Freunden zu bekommen. Mich bat man ebenfalls dorthin, da ich gerade meinen Ausweis zurückerhalten hatte. Ich versuchte so gut es ging, unparteiisch zu bleiben, denn ich konnte froh sein, durch die Eurythmie alle Lager vereint zu haben.

Höhepunkt der Eurythmie-Arbeit

Aber nun möchte ich endlich von der wunderbaren Lösung des Raumproblems erzählen. Von Anfang an hatte ich in der Familie Kayser treue innere wie äußere Begleiter meiner Arbeit. Sie war seit Jahrzehnten mit dem Kunstimpuls Rudolf Steiners innigst verbunden. Kamma Kayser hatte neben dem Schnitzen am ersten Bau des Goetheanum unter Rudolf und Marie Steiner als junges Mädchen zusammen mit ihrer Zwillingsschwester Else viel Eurythmie gemacht, unter anderem auch als Schwanenpaar im Gedicht *Ich sah ein goldenes Haus* von Albert Steffen. Die Eurythmie-Form dazu hatte Rudolf Steiner eigens für diese beiden aufgezeichnet. Kamma Kayser war in dem erwähnten Fortgeschrittenenkurs, ihr Sohn mit seiner Frau hingegen im Ehepaar-Kurs, während ihre Enkel bei den Kleinkindern Eurythmie machten. Ich nahm an den anthroposophischen Veranstaltungen, die in der Kayser'schen Wohnung stattfanden, teil und meist war ich vorher bei ihnen zum Essen eingeladen.

Nun sannen das Ehepaar Kayser und ihr Sohn Olaf schon seit Langem, wie das Raumprovisorium zu lösen sei. Durch ihr Verhandlungsgeschick erreichten sie erstaunlicherweise eine Genehmigung für den Ausbau einer Kantine in ihrer Fabrik für Papierverarbeitung. Sie planten, diese Kantine nach der Arbeitszeit für Eurythmie zur Verfügung zu stellen. Die Baumaterialien, die der Betrieb genehmigt bekam, wollten wir nun so Eurythmie-gerecht wie möglich auswählen, gleichzeitig war aber darauf zu achten, dass der Raum als Kantine gelten konnte.

Die Fabrik lag inmitten eines riesigen Trümmerfeldes zwischen dem Hauptbahnhof und der Kayser'schen Wohnung. Letztere wurde auf den Resten der ehemaligen Kirche der Christengemeinschaft aus der Zeit vor dem Nazi-Regime notdürftig errichtet, während sich die Fabrik in einer total ausgebrannten Schule befand, bei der man in den beiden unteren Etagen Zwischendecken eingezogen hatte. Darüber ragten nochmals zwei Etagen mit leeren Fensterhöhlen in den Himmel, von der die oberste wegen der fehlenden Fensterstürze sich wie eine Krone ausnahm. Von der Straße aus führte eine hohe, schwere zweiflügelige Eingangstür in ein graues Fabriktreppenhaus. Über dieser Tür gab es statt der Höhlen nun vier richtige Fenster eines ehemals großen Klassenraumes. Dahinter befand sich ein Raum von etwa 10 mal 16 Metern mit Holzfußboden und apricot-farbenen Wänden. Die Vorhänge, tiefer im Farbton mit lockerem violettem Muster, waren gerade noch für eine Kantine vertretbar. Gern räumten wir nach Arbeitsschluss die zehn Tische mit den je sechs Stühlen nach nebenan in die Abwaschküche. Das Werksessen kam von außerhalb, sodass die Gerüche nach gründlichem Lüften meistens schnell verschwanden.

Den Raum erreichte man über eine breite, staubige Steintreppe. Der gegenüberliegende Maschinenraum diente als Ankleide für die Kursteilnehmer. Im geräumigen Treppenhaus konnten wir einen Schrank für die selbstgenähten Eurythmie-Kleider aufstellen. Diese allwöchentlich anzuziehen war für die meisten ein Fest. Ich werde nie vergessen, wie eine überaus ehrwürdige Dame in der düsteren Atmosphäre des Maschinenraums ihr Kleid andächtig überzog mit den Worten: «Ah, jetzt ziehe ich mir wieder mein Lichtgewand an!» Sie gab dabei die Empfindungen wieder, die alle Erwachsenen, aus ihrem Alltag kommend, jedes Mal aufs Neue zu erleben schienen. Aus dieser Stimmung heraus mit Menschen Eurythmie zu machen, kann man nur als ein einzigartiges Geschenk erleben. Wenn wir dann das TAO, die uralte Lautbildung aus fernen atlantischen Zeiten, von oben in uns einstrahlen ließen als Schöpferkraft der kosmischen Weltenweisheit, so waren die «Lichtgewänder» Wirklichkeit geworden.

Mit der Nutzung dieses Raums war die Eurythmie wirklich in Dresden angekommen. Sie musste nur noch an zwei Stellen stattfinden, in der Fabrik und für die Schulkinder im Raum der Christengemeinschaft, damit ein gemeinsamer Termin mit dem Religionsunterricht möglich war. Nur noch die Einzelstunden gab ich vormittags in den jeweiligen Wohnungen, alles andere belebte die alte Schulruine in ihrer gespenstischen Trümmerlandschaft. Außerdem konnte an Wochenenden auch einmal etwas Besonderes veranstaltet werden, beispielsweise ein Vortrag eines auswärtigen Redners oder aber eine Feier. Ich erinnere mich, dass Bernhard Brons eine solche zum zehnjährigen Todestag Marie Steiners gestaltete, bei der sein Sprechchor aktiv war und ich eurythmisch mitwirkte. Alle sechzig Kantinenstühle waren besetzt und trotzdem blieb noch genügend Bühnenraum übrig. Meinen blauen Hintergrundvorhang hatte ich vergrößert und zwei Scheinwerfer, die wir farbig einhüllten, waren durch lange Bemühungen angeschafft worden. Man hatte auch ein altes Klavier aufgetrieben und es war beinahe immer erträglich warm, selbst bei stärkstem Frost. Ich habe nie herausgefunden, zu welchem Anteil dies alles aus der Privatschatulle der lieben Kaysers finanziert wurde. Einmalig günstig für unsere verschiedenen Unternehmungen war die einsame Lage, wo keine Straßenbeleuchtung störte. Außerdem waren nun alle meine Kurse an diesem Ort polizeilich gemeldet, was ihm eine gewisse Legalität verlieh. Man konnte die Schulruine strahlenförmig aus fast allen Richtungen unauffällig erreichen und zur selben Zeit mehr oder weniger einzeln eintreffen. Ein ganz großer Vorteil war, dass wir keine unliebsamen nachbarlichen Lauscher befürchten mussten, wenn wir das Eingangstor vor und zwischen den Kursen sorgfältig bewachten und abschlossen.

Als ich im Frühherbst 1958 regelmäßig dorthin wanderte, nahm ich, wie später so oft, den direkten Weg vom Bahnhof, der sich durch die Schuttberge bald auf, bald ab schlängelte, zwischen staubiger Erde oder auch Matsch und großen Steinblöcken hindurch. Zu dieser Jahreszeit war alles gnädig überwuchert von der Goldrute, die gemeinsam mit der Sonne alles Grauen überglänzte.

Ganz anders war es mir vor mehr als einem Jahr ergangen. Damals überquerte ich, um noch eine späte Straßenbahn zu erreichen, den großen, nachts völlig leeren Dresdener Altmarkt. Es war der 13. Februar, der zwölfte Jahrestag des Bomben-Infernos. Mit einem Mal ertönten brausend von allen noch halbwegs erhaltenen Kirchtürmen die Glocken. Ich blieb wie gelähmt stehen. Blitzartig wurde mir bewusst, dass ich genau an der Stelle stand, die man mir bezeichnet hatte als den Ort, wo man knapp siebentausend Leichen aufgehäuft, mit Benzin übergossen und angezündet hatte. Im Dröhnen der Glocken wurde wesenhaftes, dunkles Licht offenbar, das dieser Stadt tief in ihr Gefüge eingeprägt worden war und womit ich mich all die Jahre, die ich in Dresden arbeitete, konfrontiert fühlte. Als ich nun ein hal-

Ein fröhlicher Ausflug mit meinen großen und kleinen Eurythmie-Schülerinnen.

bes Jahr später beim Durchqueren der goldbedeckten Trümmerberge auf dem Weg zu dem neuen Eurythmie-Raum an dieses Nachterlebnis dachte, fühlte ich etwas wie eine Erlösung.

Im Laufe der Zeit bis Ende des Jahres 1960 entfaltete sich in diesem orangefarbenen Raum ein reiches Leben. Da ich im Vergleich zu den ersten zwei Dresdener Jahren nur noch die Hälfte der Zeit in der Straßenbahn verbringen und auch nicht mehr die vielen Stunden der Raumsuche opfern musste, hatte ich nun mehr Zeit für die Vorbereitungen der Aufführungen. Gleich zu Beginn der Dresdener Arbeit, noch im Raum der Christengemeinschaft, waren es meistens Aufführungen mit Eurythmie-Demonstrationen, bei denen ich jeweils eine Dichterpersönlichkeit mit ihrer Biografie in den Mittelpunkt stellte und entsprechende Gedichte eurythmisch hineinflocht. Dazu wählte ich mir passend erscheinende Musikstücke eines Komponisten, den ich ebenfalls kurz besprach. Da ich die Soloformen bevorzugte, die Rudolf Steiner mit der Kraft seiner Intuition für die Eurythmie entworfen hatte, waren es Hebbel-, Hamerling-, Hölderlin- und Morgenstern-Abende geworden. Aber auch Novalis, Goethe und Schiller gehörten dazu. Diese Aufführungen konnten nun in unserem neuen Raum intensiviert werden. Als besonders heilsam erlebte ich es, Morgenstern-Gedichte in den Kursen zu erarbeiten. Man verbindet sich ja durch die Eurythmie sehr mit dem jeweiligen Dichter und es kam mir vor, als wenn gerade dieser die abgeschabten Lebenskräfte meiner Eurythmie-Begeisterten in besonderer Weise zu heilen und durchlichten helfe.

Schon seit vielen Jahren hatten diese deutschen Geistesgrößen keinen Platz mehr im hiesigen Schulunterricht. Die Ahnungslosigkeit vor allem der Jugendlichen war erschreckend. Auch die den ganzen Ostteil Europas unterjochende Doktrin zu erleben, wenn man in Weimar am Frauenplan beispielsweise lesen musste, dass das Gedicht *Prometheus* ein Beweis für Goethes Atheismus sei, dass Dichtung und Gesang sich ursprünglich aus dem Takt der Arbeitsbewegungen des Affenmenschen entwickelt hätte, all das gab einem eine Ahnung des verheerenden geistigen Vakuums in Mitteleuropa, welches bewirkt hatte, dass kein europäisches Volk mehr seine Kulturaufgabe ergreifen konnte – und kann. Aber ich fühlte auch die intensive Aufnahmebereitschaft und das Vertiefen-Wollen in unsere Dichter wie die seelische Substanz eines der vielen Samenkörner, die an so manchen Orten im östlichen Deutschland gesät wurden.

Nicht nur deshalb waren aber diese Abende wirkliche Feste. Sie wurden nämlich ergänzt und beglänzt durch eine ganz besondere Gruppe junger Mädchen, die eine große und wichtige Rolle für die gesamte Eurythmie-Arbeit spielte. Alle waren etwa zwischen sechzehn und achtzehn Jahre alt, bewegungsbegabt, freudig und absolut einsatzbereit. (Die beiden Weyrather-Töchter waren auch unter ihnen.) Die Mädchen sogen die Eurythmie förmlich auf wie ausgetrocknete Schwämme ein flüssig lebendiges Element aufsaugen. Bald arrangierten sie ihre gesamte Arbeitswoche so, dass sie wöchentlich zwei Doppelstunden Eurythmie-Unterricht bekommen konnten, einmal Laut-, einmal Toneurythmie. Da einige von ihnen als Krankenschwestern arbeiteten, um von politischer Vereinnahmung einigermaßen verschont zu bleiben – abgesehen von den sogenannten Militärwochen, die ab und zu absolviert werden mussten –, war es vor allem wegen der Nachtdienste ein ständiges Jonglieren mit Terminen. Es war geradezu bewundernswürdig, was sich diese Mädchen haben einfallen lassen, um bloß keine Stunde zu versäumen. So manches Mal erschienen sie todmüde zur Eurythmie nach einer durchwachten Nacht.

Das war also der Kurs, mit dem ich im Laufe der Zeit immer schönere Aufführungen machen konnte. Anfangs erfreuten sie die Menschen mit Energie- und Friedenstanz, dann mit dem ausgestalteten griechischen Gruß des *Evoe* oder später mit der herrlichen Form des TIAOAT.[9] Bald wurden es wunderbare musikali-

*Dresdens große Unterstützer jeglicher anthroposophischer
Initiativen: Kamma und Paul Kayser.*

sche Gruppendarstellungen, die sehr beeindruckten. Am tiefsten beeindruckte jedoch am Ende des zweiten Jahres der *Sonnengesang* des Franz von Assisi. Das jugendlich Reine, Knospenhafte und Innige brachte die Zuschauer zu Tränen. Auch ich musste mich am Schluss beim Sprechen des «Amen» richtig zusammennehmen, um es noch klar herauszubringen. Sechs von den Mädchen sind später Eurythmistinnen geworden – ob sie je wieder diesen Zauber verströmten? Nun, jedenfalls einen anderen.

Die erste große Aufführung fand 1958 zu Ostern statt. Es kamen die Osterchöre aus dem *Faust* zur Darstellung. Auch in Leipzig waren wir damit zu Gast. In der Grauheit der DDR war der Auferstehungsjubel überwältigend. Die Mädchen eurythmisierten die Engelchöre, sechs Jünglinge aus dem Studentenkurs gestalteten die Jünger. Den *Chor der Weiber* hatte ich für Leipzig schon in den Ferien Anfang des Jahres mit dem dortigen Jugendkreis vorgeübt, während ich für die Dresdener Aufführung die Damen aus dem Fortgeschrittenenkurs für diesen Chor gewinnen konnte. Die Leipziger Christengemeinschaft hatte – und das tat sie jedes Mal, wenn wir dort etwas zeigten – einen größeren Saal gemietet, der dann immer brechend voll war.

Nach einer solchen Leipziger Aufführung hatten wir einmal ein eigenartiges Erlebnis: Es kamen einige Ballett-Tänzer ganz aufgelöst zu uns und sagten: «Was ist das? Man sieht ja gar nicht, wo Ihre Bewegungen aufhören! Das beunruhigt uns so!» Wenn sie außerdem festgestellt hätten, dass sie nicht sähen, wo die Bewegungen herkämen, hätte ich es noch interessanter gefunden. Immerhin, aus diesem Gespräch ergab sich eine nähere Bekanntschaft mit einer der Tänzerinnen, die auch deshalb sehr beeindruckt war, weil die Eurythmie keine Bewegungskunst ist, die man nur in jungen Jahren ausüben kann, ja weil es in ihr im Gegensatz zum Ballett sogar möglich ist, das Reifen der Persönlichkeit in die Gestaltung einfließen zu lassen, wie es bei ande-

Das ehemalige Schul- und Fabrikgebäude. Über dem Eingang war der Eurythmie-Raum eingerichtet. Die «Krone» hatte man schon abgetragen.

Der Ort meiner Tätigkeit 1960 – von der Rückseite betrachtet.

ren Künsten gerade so ausschlaggebend ist. Das war auch für mich ein beglückender und neuer Gesichtspunkt.

Die Atmosphäre der Stadt Leipzig konnte man im Verhältnis zu der der übrigen DDR als besonders schal erleben. Die Wolken sahen dort meistens etwas bräunlich-gelb aus und außerdem lagen sie eher formlos wie eine gleichmäßige Decke über der Stadt. Die Menschen hingegen, die ich dort kannte, hatten eine größere Verbindlichkeit und Beweglichkeit als anderswo. Die Unmittelbarkeit ihres Erlebens beispielsweise, wenn meine Mädchen «Christ ist erstanden!» in den Raum hineinbewegten, führte im Zusammenklang des gegenseitigen Mitfühlens zur Empfindung eines durchbrechenden Lichtes. – Voll Bewunderung denke ich heute an diese Mädchen, die in schwierigen Arbeitsverhältnissen lebten, oft auch in problematischen Familien aufgewachsen, unbehütet und für ihr Alter mit zu großer Verantwortung für sich selbst und für andere belastet waren. Alles durchstanden sie bei sehr mäßiger Ernährung und auch während der damals kalten

Winter, die sich bis Ostern hinzogen. Unter diesen Bedingungen hatte die Eurythmie eine besonders tiefe Bedeutung für sie, und das merkten auch die Zuschauer – und ich.

Später wurde unser Repertoire, mit dem wir auch nach Erfurt reisten, immer umfangreicher. Ein gewisser Höhepunkt dieser Zeit war das Programm mit dem Märchen *Die sechs Schwäne* der Brüder Grimm, mit Musik von Béla Bartók. Dabei legten die Mädchen eine Dramatik an den Tag, die erschauern ließ. Gleich zu Anfang der Geschichte muss eine Hexe ausdrucksstark einem im Wald verirrten König ihre Tochter zur Heirat aufdrängen. Diese zeigt ihm dafür zwar den Weg zurück zum Schloss, aber sein Misstrauen zu der Hexentochter ist nicht unbegründet. Als sie die vor ihr versteckten Königskinder entdeckt, verwandelt sie sechs davon in Schwäne. Dieser Vorgang ist ein Bild der Verhinderung einer gesunden Erdenreife. Nur eine Tochter, die nicht wie die Brüder der Hexenkönigin entgegengelaufen war, wird nicht verzaubert und kann nun ihre Brüder durch jahrelanges Schweigen erlösen, während sie die Sternenhemdchen für ihre sechs Geschwister nähen muss – die Hüllen zur Inkarnation.

Nun muss man wissen, dass in der damaligen Zeit der Zwangsherrschaft alles an künstlerischen Ereignissen im Zusammenhang mit dem eigenen Schicksal erlebt wurde. So war es bei Konzerten, die fast als einzige innere Freiräume erlebt wurden, und so erging es mir zum Beispiel beim Besuch des *Fidelio*: Als am Ende die Gefangenen «Freiheit – Freiheit ...» singend nacheinander dem dunklen Gefängnis entstiegen, erhob sich still und langsam das gesamte Publikum. Dieser Moment der Stille danach (statt des üblichen Klatschens) schien zum Himmel zu schreien. *Fidelio* wurde vom Spielplan gestrichen! – Ähnlich tief musste das schweigende, Sternenhemden nähende Mädchen gewirkt haben, die zur Königin wird und der man die Kinder fortnimmt. Sie wird verleumdet, sie habe ihre Kinder aufgegessen. Die Durchhaltekraft bis zum letzten Augenblick ihrer Erlösung wurde von den Zuschauern bis hinein in die eigenen Lebenskräfte aufgenommen.

Nun sind ja die Grimm'schen Märchen als zukunftsweisende Botschaften dem geistigen Boden Mitteleuropas entsprungen. Auch die Eurythmie wurde hier am Beginn des 20. Jahrhunderts von Rudolf Steiner gestiftet als eine Kunst, in der man «schweigend» Sternenhemden nähen darf. Das Bewusstsein des eurythmischen Sternenhemdennähens, durch das «Beflügelnde» der Eurythmie einst ein königliches Menschsein zu erwerben, erfüllte die Kursteilnehmer.

Aber auch schwungvolle, fantasievolle Faschingsfeste wurden alljährlich von allen Generationen gefeiert, was sich jedes Mal stimmungsmäßig gesteigert bis ins Familienleben der Weyrathers erstreckte. Frau Weyrather stellte ihren großen Familienschatz zur Verfügung – Kisten wertvoller Kostüme, die von den längst verstorbenen Großeltern bei deren Dresdener Künstler-Fastnachtsbällen, den berühmten Gauklerfesten, in den Zwanzigerjahren getragen wurden. Nun wurden sie aus dem Keller geholt und neben der Badewanne platziert, die gleich am Wohnungseingang hinter einem Vorhang verborgen stand. Jeder, der heimkam oder uns besuchte – und es waren in jener Zeit viele, meist jugendliche Besucher –, verschwand erst einmal zu den Kostümkisten hinter den Vorhang, um alsbald in abenteuerlicher Aufmachung zum Essen zu erscheinen. Gewagte spitzenbesetzte Dekolletés, aufwändige Hüte, steife Hemden und glänzende, weite Hosen und Röcke, all dies verlangte gute schauspielerische Leistungen und Improvisationskünste.

Diese herrliche Zeit der Verwandlungen dauerte bis zu drei Wochen, bis es der guten Frau Weyrather ernstlich zu bunt wurde. Durch diese Verkleidungen und Rollenspiele entstanden die originellsten Ideen für meine Eurythmie-Faschingsfeste, an denen meine jugendlichen Familienmitglieder regen Anteil nahmen.

Nun muss auch erwähnt werden, dass ab dem Jahr 1959 die Versorgungslage und damit das Angebot an Äpfeln und Gemüse deutlich besser geworden war. Ich sehe in dieser Zeit in einem Geschäft unweit des Radebeuler Landestheaters eine stark geschminkte Frau mit mir in der Warteschlange stehen, die mit klingender Stimme ihrem etwa dreijährigen Mädchen zurief: «Aber Iphigenielein, lass den Kohlkopf liegen!» Meinen Briefen an die Mutter entnehme ich allerdings neben den Bitten um Orangen immer noch Wünsche wie: Milchpulver, Uhu, Zwirn und Waschpulver, das meine Wäsche wieder etwas weißer machen sollte, ein Wollschal und so weiter.

Eine Russlandreise mit unvorhersehbaren Folgen

Ein Ereignis des folgenden Sommers sollte einschneidender sein als vorherzusehen. Florian gelang es, für den Juli 1959 eine große Reise durch Russland zu buchen. Er ergatterte zwei Restkarten, indem er sich bereits kurz nach Mitternacht vor dem Reisebüro in die Warteschlange stellte. Es war eine ganz besondere Gelegenheit: Die Reiseroute war außergewöhnlich schön und informativ, da sie für altbewährte Edelkommunisten organisiert worden war, quasi als Belohnung. Eine 32-stündige Eisenbahnfahrt durch die unendliche Weite nach Moskau stimmte uns ein. Von da ging es nach Gorki, wie Nischni Nowgorod damals hieß. Dort begann die wunderbare Wolga-Fahrt über Kasan nach Uljanowsk, dem Geburtsort Lenins. Über Stawropol und Kuibyschew durch die riesigen Schleusen der Wolga, die sich zu nicht übersehbaren Ausmaßen ausdehnte, erreichten wir Saratow und setzten unsere Fahrt nach Stalingrad fort, das erst 1961 seinen ursprünglichen Namen Wolgograd wieder zurückerhielt. In jeder großen Stadt blieben wir einige Tage, so auch hier, und gelangten allmählich über Charkow zu meinem ersehnten Kiew.

Überall, wohin wir kamen, wurden zu Ehren unserer «verdienten Veteranen» überwältigende Veranstaltungen von den besten Musikern und Schauspielern dargeboten. Von diesen Ehrungen profitierten wir weidlich! Da wir nicht an jedem Ort die Stalin- oder Leninmuseen besichtigen wollten und in einem Slawistik studierenden jungen Ehepaar Gesinnungsgenossen gefunden hatten, durchstreiften wir mit diesen vielseitig bewanderten

Altersgenossen die Städte und schauten uns schöne Kirchen an, aber auch die Elendsviertel. Von einigen uns wichtigen Erlebnissen sei hier berichtet.

In Moskau, noch ehe wir die beiden Slawistik-Studenten in unserer Reisegruppe ausfindig gemacht hatten, gingen wir allein auf Entdeckungspfaden. Eines der Ziele waren die beiden Leichname von Lenin und Stalin. Obwohl wir als Touristen uns vorne in die kilometerlange Schlange einreihen durften, fanden wir uns nach der sehr mühsam vorankommenden «feierlichen Prozession» über den Roten Platz ziemlich mitgenommen im Mausoleum ein. Dort schoben wir uns nun auf vorgeschriebenen Wegen mit den ehrfürchtigen Menschenmassen, die vorher tagelang im Grünbereich der Umgebung zugebracht und vielleicht viele Jahre auf diesen Tag hin gelebt hatten, langsam und schweigend vorwärts. Diese meist recht ärmlich gekleide-

Roter Platz in Moskau mit Menschenschlange vor dem Lenin-Mausoleum.

ten Menschen kamen aus allen Gebieten Russlands zum «Höhepunkt ihres Lebens». Da waren wir jetzt in dem quadratischen, schummrig rot beleuchteten Raum im Anblick der in Glassärgen Liegenden: Joseph Stalin und Wladimir Iljitsch Uljanow, genannt Lenin. Wo waren sie wirklich, fragte man sich bang. Die Särge waren umgeben von einem tiefen, viereckigen Graben, in dem die Leibgarde stehend mit aufgepflanzten Bajonetten Wache hielt. Der eine Aufgebahrte hatte eine extrem niedrige, der andere eine extrem hohe Stirn, der eine wulstige Hände, der andere knochige – alles in allem, es waren «polare» Mumien, schaurig tot. Mit weichen Knien schlichen wir um die Särge.

Endlich gelangten wir wieder ins Freie – mit flauem Gefühl in der Magengegend. Da erschreckte uns klopfendes Dröhnen: Die Wachablösung vor dem Kreml stampfte mit ihren Stiefeln, wie mit Schlaghölzern von Dreschflegeln den Boden prügelnd, an uns vorbei. Wir waren tief schockiert, aber da – einem Traumbild gleich und in den Strahlen der Sonne glänzend steht die Basilius-Kathedrale vor uns. Dorthin nehmen wir unsere Zuflucht. Während wir um diese herumgingen, bemerkten wir, wie sich auf der Rückseite gerade eine schmale Pforte öffnete und eine junge Dame mit einem Herrn heraustrat. Es stellte sich heraus, dass die beiden für die Führungen durch die Kathedrale zuständig waren. Wir waren nun die glücklichsten Besucher, denn wir fanden sofort Gefallen aneinander und bekamen mitten durch den Menschenstrom hindurch eine liebevolle Spezialführung. Er konnte gut Deutsch und sie war eifrig bemüht, uns alles Schöne und Besondere ganz genau zu zeigen. Wie stolz war sie, als uns das große Michael-Bild so gut gefiel. Bei den weiteren Gesprächen erzählte sie uns, dass sie sich gerade sehr bemüht, in ihren kurzen Pausen Deutsch zu lernen, und zwar am Märchen *Die Sechs Schwäne*. Wie groß und herzlich war ihre Begeisterung, als ich ihr erzählte, dass ich dieses Märchen gerade von jungen Mädchen habe tanzen lassen. Sie hätte früher auch einmal getanzt, jubelte sie. Beim Abschied konnten wir vier es gar nicht fassen, dass wir uns nie mehr wieder sehen sollten.

Auffallend war, dass die meisten Russen, wo sie auch standen oder saßen, in Büchern, seltener in Zeitungen lasen. Selbst auf den rasant hinauf und herunter gleitenden Rolltreppen der Metro wurde, wie wir meinten, studiert. Ebenfalls beeindruckten kilometerlange Menschenschlangen vor Bücherläden. Auf Nachfrage erhielten wir die Antwort, es sei nach Jahrzehnten endlich wieder eine Dostojewski-Gesamtausgabe herausgekommen. Als wir uns nach dem Preis erkundigten, erfuhren wir, dass «Gutverdienende» mindestens drei Monatslöhne dafür aufbringen müssten. – Während ich dies aufschreibe, erinnere ich mich an den Besuch von Lew Kopelew, als er uns viele Jahre später in Göttingen aus der Erfahrung mit deutschen Studenten erstaunt mitteilte, dass diese den Faust nicht kennen würden. Von den Studenten in Moskau sei er gewöhnt, dass man ihn in seinen Hauptpassagen auswendig wisse. Dies ist ein Beispiel für den Bildungshunger vieler Russen, aber auch dafür, was ihnen die Kultur Mitteleuropas bedeutet – eine Tatsache, die wir öfter erleben konnten.

Die Zwiespältigkeit des gewaltig wirkenden Moskauer Kreml mit dem äußeren und inneren Prunk der Paläste und den roten, mit Hammer und Sichel versehenen wehenden Fahnen – daneben die drei großen Kathedralen mit ihren in den hohen, blauen Himmel ragenden Goldkuppeln und den wertvollen, beeindruckenden Ikonen im Innenbereich, die von einem Wissen des kosmischen Christentums zeugen, das Ganze umgeben von der weißen, Ehrwürdigkeit ausstrahlenden Kremlmauer – all das gehört zu den zentralen Erlebnissen in Moskau. Damals standen in den berühmten «Prachtstraßen» zwischen den überdimensionalen und schon bröckelnden Riesenfassaden, an denen teilweise Drahtnetze zum Auffangen herabfallender Kacheln und anderem gespannt waren, noch ab und zu rührende alte Holzhäuser und winzige Kirchlein, die einem so recht ins Gemüt eingingen. In jeder Hinsicht große Polaritäten! Der erholsame Anblick der alles durchfließenden Moskwa ließ einen wieder zu Atem kommen.

Nun aber schwammen wir auf dem gewaltigen Strom der Wolga, an deren Ufer wir plötzlich eine Schar Studentinnen und Studenten während ihres Ernteeinsatzes wahrnahmen. Uns zu Ehren sangen sie herzzerreißend und tanzten herzerfrischend mit ganzer Fülle und Kraft. An einem klapprigen Steg wurde außerplanmäßig das dafür viel zu große Schiff angebunden und wir durften aussteigen, wobei uns starke russische Seemannsarme kräftig unterstützten. Florian und ich machten uns auf, querfeldein zum nächsten Dorf zu wandern. Dort begegneten wir einem kleinen Jungen, der nur mit einem Hemd bekleidet war und einen Trockenfisch im Fäustchen hatte. Der ungepflasterten Dorfstraße folgend kamen wir an den Brunnen, an dem Florian einer alten Frau den Wassereimer abnahm. Daraufhin wurden wir freundlich in ihre Holzhütte gebeten. Dort nun traf uns ein erschreckend feindlich gesinnter Blick einer Alten mit gelblichem Gesicht und stechenden Augen. Was mochte sie im Krieg mit Deutschen erfahren haben? – Bei der Abfahrt unseres Schiffs riefen uns die Erntehelfer-Studenten im Chor zu: «Miru Mir!» «Friede der Welt!» Wir mussten uns an der Reling festhalten vor Erschütterung.

Eines der nächsten aufrüttelnden Erlebnisse war Stalingrad, das heutige Wolgograd. Als wir mit unserem Wolga-Dampfer bei dröhnender Musik in den Hafen einfuhren, der mit seinen großartigen Marmorstufen und -säulen einem Tempel glich, fühlte ich mich plötzlich ganz elend. Überraschend stark wehte mich das schwere Kriegsleid dieses Ortes an, das so ganz im Gegensatz zu der pompösen Musik und dem noch pompöseren Hafen

Der Wolgahafen von Stalingrad.

stand, dessen Baustil sich noch weiter in die wiedererrichtete Stadt fortsetzte. Wir besuchten unter anderem ein aufwändig ausgerüstetes Observatorium – eine Spende der DDR – und wurden dann von einem Soldaten, der hier gekämpft hatte, über das ehemalige Schlachtfeld geführt. In unserem Tagebuch habe ich mir notiert, dass der monatelang umkämpfte Hügel neunmal seinen Besitzer gewechselt hatte und auf jedem Quadratmeter fünfhundert Geschosseinschläge ermittelt wurden. Eine halbe Million Menschen, von denen man immer noch Knochen fand, sind allein hier ums Leben gekommen – noch immer wollte dort kein Kräutlein wachsen. Wieder einmal wurden wir mit einer abgründigen Wirkung Deutschlands konfrontiert! Als bei unseren deutschen Reisegefährten nationale Gefühle aufsteigen wollten, hat der ehemalige russische Kämpfer klar bedeutet, dass hier nicht Feinde gegeneinander gekämpft hätten, sondern dass das Böse als solches gewaltet habe. Wir hatten in ihm einen warm empfindenden Menschen freien Geistes vor uns.

Endlich erreichten wir Kiew, die herrliche Stadt am Dnjepr, wo die Christianisierung Russlands begann, mit den vielen Blumen an den Fenstern und Balkonen und seiner Kathedrale. Im Höhlenkloster wanderten wir gemeinsam mit tief andächtigen Menschen durch die damals noch dunklen Gänge, in den Händen Kerzen haltend, ungestört von jeglicher elektrischer Beleuchtung. Männer und Frauen, die neben uns schritten, bekreuzigten und verbeugten sich vor den Särgen der Heiligen und erfüllten die Nischen vor den Ikonen mit innigem Gesang. Da erfasste uns beide eine tiefe Liebe zu den Menschen Russlands. Diese gemeinsame Zuneigung für Russland von Florian und mir gab unserer Freundschaft eine entscheidendere Wendung, als ich es vorhersehen konnte. Nun begann ein typisch modernes Drama, wie es sich heutzutage für jede Frau abspielt, die ganz mit ihrer beruflichen Aufgabe verwachsen ist und ihrem Lebenspartner begegnet.

Zurückgekehrt nach Dresden, erkämpfte ich mir mit Florians Hilfe noch innerhalb der Sommerferien eine Aufenthaltsgenehmigung für einen Westbesuch. Ich holte mir «drüben» meinen West-Pass bei der entsprechenden Behörde und fuhr nach Dornach. Dort musste ich Marie Savitch alles, was wir in Russland erlebt hatten, ganz genau erzählen. Auf dem Weg zu ihrem Haus schlang sie sich die Wolljacke um den Kopf und ging mit schweren, großen Schritten bergauf, während sie mit rauer Stimme fragte: «Sehen die russischen Frauen immer noch so aus?» «Ja», schrie ich, überwältigt von der Echtheit dieses Anblicks, was sie köstlich amüsierte. Durch ihre Fragen konnte ich meine Russlanderlebnisse mit ihr zusammen nochmals durchleben und in viele Erscheinungen Klarheit bringen. Ihre nun folgende künstlerische Arbeit mit mir verdeutlichte ihren Ernst, mit dem sie echte Hilfe für die Eurythmie in der DDR leisten wollte.

Einen Ausspruch von Marie Savitch, eine der großen Russinnen um Rudolf Steiner, möchte ich wegen seiner Allgemeingültigkeit hier noch anfügen. Als ich ihr von meinen düsteren Empfindungen und Ohnmachtsgefühlen erzählte, die sich ab und zu bei der Betrachtung der großen Kluft einstellten, die ich zwischen meinen Idealen und dem, was man tatsächlich zustande bringt, spürte, sagte sie: «Wenn es überall ganz dunkel ist, dann gibt das kleinste Kerzenlicht eine Orientierung, und bald wird man sogar alles genauer wahrnehmen können. Nicht das kleinste Licht ist umsonst.»

Noch immer in Dresden – Von aufrüttelnden Schicksalen und dem Aufbruch in den Westen

In einem meiner Kurse fand sich nach einiger Zeit das Ehepaar Dähnert ein. Ich erfuhr zufällig in einem Gespräch, dass auch Gudrun Dähnert aus Berlin stammt, und wir sprachen darüber, wie man dort besonders intensiv die Auswirkungen des Nationalsozialismus zu spüren bekommen hatte. Als ich ihr von meinen tief sitzenden Kindheitserlebnissen erzählte, erwähnte sie ihre enge Freundschaft mit Nelly Sachs. Bisher hatte ich erst ein Gedicht von Nelly Sachs durch die sehr eindrucksvolle eurythmische Darstellung von Helene Reisinger kennengelernt: «Wenn die Propheten einbrächen / durch Türen der Nacht [...] Ohr der Menschheit / du mit dem kleinen Lauschen beschäftigtes, / würdest du hören?» Ja, das ging tief! Nur sehr selten wurden damals moderne Gedichte eurythmisch gestaltet, aber spontan hatte ich von diesem den Eindruck gehabt: Das ist von einer ganz großen Dichterin!

Ich erfuhr nun von Gudrun Dähnert, wie sie, ein Herz und eine Seele mit Nelly Sachs, in Berlin zusammen Novalis, Brentano, Hölderlin, auch Stifter und Martin Buber gelesen hatten. Dann berichtete sie mir von den unsäglichen Methoden der Nazis, mit denen sie Nelly Sachs, die sich als Vermittlerin deutschen Kulturerbes verstand, ihrer Identität beraubten. Sie wurde gezwungen, eine jüdische Identität anzunehmen. Als Erstes wurde ihr verboten, weitere Gedichte in Zeitungen zu veröffentlichen. Daraufhin schloss sie sich erstmals mit deutsch-jüdischen Menschen zusammen, um gegen den Zionismus anzugehen. «So machte uns Hitler zu Juden», sagte Otto Bental 1938, der nach seiner Verhaftung nach Palästina auswandern durfte, weil er im Ersten Weltkrieg als Offizier an der Front gewesen war. Gudrun Dähnert erzählte mir von den zunehmenden Schikanen bis zur Ausplünderung durch SA-Männer, die dazu ihre Frauen mitbrachten. Nelly Sachs verlor auf diesen Schock hin für fünf Tage ihre Sprache. Als sie dann den Namen «Sara» annehmen musste, war sie wie von einer Leere umgeben – ihre zarte, empfindsame Seele spaltete sich.

Im Winter des Jahres 1939 setzte sich Gudrun Dähnert – die damals mit Mädchennamen Harlan hieß – für die Ausreise von Nelly Sachs und ihrer alten, kranken Mutter ein. Da schon lange ein brieflicher Kontakt zwischen Nelly Sachs und Selma Lagerlöf bestanden hatte, sah Gudrun Harlan die einzige Möglichkeit darin, mit deren Hilfe eine Bewilligung zur Einreise nach Schweden zu erreichen – unsere Nachbarländer nahmen damals keine Auswanderungswilligen mehr auf. Gudrun Dähnert erzählte mir nun, wie sie während der Vorbereitungen von einem Auto angefahren wurde, einen Beinbruch erlitt und mit Gehgips die eigenen Möbel verkaufte, um ihre beabsichtigte Reise nach Schweden bezahlen zu können. Mit ihrem ungelenken eingegipsten Bein reiste sie nun in das gänzlich eingeschneite schwedische Dorf, in dem Selma Lagerlöf völlig zurückgezogen lebte. Zu ihrem Schrecken wurde sie von der alten, fast tauben Dame nicht verstanden, mietete sich in der Not in dem Dorf ein und versuchte wieder und wieder, von deren strenger Haushälterin vorgelassen zu werden.

Endlich hatte ihr ein Brief Gehör verschafft und sie erhielt eine schriftliche Empfehlung von Selma Lagerlöf, mit der sie dem Bruder des Königs ihr Anliegen vortragen durfte. Gudrun Dähnert demonstrierte mir nun mit viel Humor, wie sie einsam in einer bescheidenen Wirtsstube im tiefsten Schweden mit steifem Gipsbein den Hofknicks übte, um in gebührender Form vor dem Bruder des Königs aufzutreten. Er soll sehr viel Sinn für

Gudrun Dähnert, die beste Freundin und Lebensretterin von Nelly Sachs, 1930 in Berlin.

Poesie gehabt haben und schenkte ihrer Bitte schließlich Gehör. Mit einer Empfehlung für die Einwanderer-Behörde entließ er sie, die nun vor der Schwierigkeit stand, in Stockholm Personen aufzufinden, die Nelly Sachs und ihre Mutter im Falle einer Ausreise für die erste Zeit finanziell unterstützen würden. Als sie ihr Möglichstes getan hatte, kehrte sie mit zwei Öre in der Tasche nach Berlin zurück.

In der Art des Erzählens spiegelte sich die furchtbare Spannung wieder, als eines Morgens Anfang Mai 1940 der schriftliche Befehl eintraf, Nelly Sara Sachs habe sich umgehend in der Sammelstelle für das jüdische Arbeitslager einzufinden. Die sofortige Nachforschung in der schwedischen Botschaft ergab, dass die Einreiseerlaubnis schon seit zwei Wochen bereitlag. Rührend schilderte Gudrun Dähnert nun, wie sich ihre Nelly mit diesen beiden Papieren an einen Gestapo-Mann wandte, der ihr früher einmal wunderbarerweise seine Hilfe in Notlagen angeboten hatte. Der musste ihr geraten haben, sofort loszufliegen, denn bei einer Zugfahrt würde man sie an der ersten Grenzstation umgehend zurückschicken. Mit tränenerstickter Stimme berichtete Gudrun Dähnert nun, wie sie gemeinsam mit einer guten Freundin Mutter und Tochter auf den Flugplatz brachten in der ständigen Furcht vor Entdeckung, die sich erst legte, als das Flugzeug endlich abhob.

Seit dieser Zeit liebe ich Nelly Sachs und ihre Gedichte. Diese gaben mir immer wieder die Kraft, mit den grauenvollen Geschehnissen in Mitteleuropa irgendwie fertig zu werden. Ich empfand es als Schicksal, hier in Dresden die Gelegenheit zu bekommen, mich persönlich mit einer der furchtbaren Folgen des Nationalsozialismus auf diese Weise zu verbinden. Ich lebe seither in den Gedichten von Nelly Sachs und versuche, das unermessliche Leid und deren existenzielle Wandlungskraft und Größe in mich aufzunehmen. Doch damals fühlte ich mich noch lange nicht reif genug, diese Gedichte eurythmisch zu gestalten. Erst viel später, als ich längst wieder im Westen war und von jungen Leuten ermutigt wurde, mit ihnen Nelly-Sachs-Gedichte eurythmisch zu erarbeiten, unternahm ich dieses Wagnis. Das war erst in den Sechzigerjahren, als Deutschland allmählich mit seiner «Vergangenheitsbewältigung» begann.

Nelly Sachs auf dem Weg zu ihrer Nobelpreis-Rede 1966.

Als ich 1976 wieder gefahrlos die DDR besuchen konnte, reiste ich auch einmal mit einem Nelly-Sachs-Programm und einer Werkeinführung nach Dresden, um es innerhalb der Christengemeinschaft zu zeigen. Da erfuhr ich, dass Gudrun Dähnert gerade gestorben war. So wurde diese Aufführung zur Totenfeier umgestaltet. Eines der vorgetragenen Gedichte war dieses:[10]

Wie leicht
wird Erde sein
nur eine Wolke Abendliebe
wenn als Musik erlöst
der Stein in Landsflucht zieht

und Felsen die
als Alb gehockt
auf Menschenbrust Schwermutgewichte
aus den Adern sprengen.

Wie leicht
wird Erde sein
nur eine Wolke Abendliebe
wenn schwarzgeheizte Rache
vom Todesengel magnetisch
angezogen
an seinem Schneerock
kalt und still verendet.

Wie leicht
wird Erde sein
nur eine Wolke Abendliebe
wenn Sternhaftes schwand
mit einem Rosenkuss
aus Nichts –

Im Zusammenklang mit den Anteilnehmenden konnte Eurythmie wieder einmal existenziell werden.

Bei einem der vorhergehenden Besuche in Dresden hatten mir Herr und Frau Dähnert von ihrer Reise nach Stockholm erzählt, die sie sich äußerst mühsam erkämpfen konnten, um bei der Verleihung des Nobelpreises ihrer Nelly Sachs beizustehen, die in all ihrer Schüchternheit ihre Lebensretterin bei sich haben wollte. Sie berichteten, wie die Nobelpreisträgerin ängstlich, von guten Gedanken ihrer Freunde begleitet, nach vorn ging, um ihre Rede zu halten, und als sie aufs Podium gestiegen war, schauten nur ihre Haare über das Rednerpult hinaus. Unter allgemeinem, wohlwollendem Lachen besorgte man der kleinen, zierlichen Person in der Not einige große Bücher, auf die sie sich stellen konnte, und während sie darauf balancierte und sich am Pult festhielt, konnte die heimatlos Gewordene, deren Worte in Mitteleuropa verboten waren, deren Sprache ihr unter Schock fünf Tage lang den Dienst verweigert hatte, frei und gelöst ihre Rede halten.

Ihre kosmische Sprache, die sie sich durch eine Schmerz überwindende Wandlungskraft erworben hatte, ermöglicht uns, auf die denkbar größte und würdigste Art in das Leid hineinzublicken, das den Juden angetan wurde. Sie kann uns Mitteleuropäern die Chance eröffnen, nicht nur eine Vergangenheitsbewältigung zu versuchen, sondern Zukunftskraft zu entwickeln, indem wir lernen, mit den Folgen jener Taten zu leben.

Schnell ist der Tod aus dem Blick geschafft
Die Elemente machen Aufruhr
doch die knospenden Sphären
drängen schon mit Auferstehung ein
und das Wortlose heilt den erkrankten Stern – [11]

So wie Nelly Sachs ihre persönliche «Haut» erweitert hat in die Hülle ihres Volksstammes hinein, um dann in ein Allgemein-Menschliches, ja Kosmisches überzugehen, so können auch wir versuchen, eine Weitung durch sie zu erfahren.

Weine aus die entfesselte Schwere der Angst
Zwei Schmetterlinge halten das Gewicht der Welten für dich
und ich lege deine Träne in dieses Wort:
Deine Angst ist ins Leuchten geraten – [12]

Eine ganz anders geartete Begegnung der Dresdener Zeit ist die mit unserem Freund Günter Pohl, dessen einzigartiges Schicksal wohl nur in der DDR gelebt werden konnte: Es ist das Schicksal eines heimatlos Gewordenen im eigenen Land. Urbildlich können wir an diesem Schicksal wahrnehmen, welche Fähigkeiten sich im östlichen Teil Deutschlands bei einem spirituell strebenden Menschen ausbilden konnten: die der inneren Unabhängigkeit, der in sich ruhenden Sicherheit und der Treue zu diesem Erdenraum und seinen Menschen.

Unmittelbar nach Kriegsende trat Günter Pohl in die SPD ein. Sein Vater glaubte, mit diesem Schritt den eigenen Betrieb retten zu können. Doch schon 1946 fand sich der arme Günter nach der Zwangsvereinigung der SPD mit der KPD in einer Partei wieder, mit der er nun wirklich nichts zu tun haben wollte: in der SED, der «Staats- und Kaderpartei» der DDR. Als Assistent und auch Dozent an Dresdens Technischer Universität war er das einzige Parteimitglied in seinem Institut. Von seinen Mitarbeitern wurde er als sehr angenehmer und für sie vorteilhafter «Genosse» erlebt. Für ihn selbst war seine Situation allerdings alles andere als angenehm, denn er wurde überall hingeschickt, wo es galt, eine lobende Rede über das «tüchtige und glanzvolle» Regime zu halten, zu Einweihungen oder sonstigen Feiern, ja selbst nach Moskau. Letzteres hingegen erwies sich als günstig, denn so konnte er auf unauffällige Weise mit den dort lebenden Anthroposophen Kontakt aufnehmen, und zwar zu einer Zeit, als noch niemand aus westlichen Gefilden bis dorthin vorzudringen imstande war. Aus diesen Kontakten sollten sich später auch für uns wichtige Begegnungen ergeben.

Doch der eigentliche Zweck solcher Reisen wurde für Günter immer unerträglicher. Was er zu verkünden hatte, konnte er mit seinem Gewissen nicht vereinbaren. Nicht selten musste er lügen und fälschen, beispielsweise bei Mitteilungen über grandiose Leistungen beim Erfüllen des Fünfjahresplans. Sein Freund Florian stürzte sich mit Feuereifer in Überlegungen, wie Günter zu helfen sei. Ein Austritt aus der Partei galt eigentlich als völlig unmöglich, war aber unumgänglich, da der Zustand der Unwahrhaftigkeit früher oder später seine Gesundheit zerstören musste. Ein Schlachtplan wurde entworfen. Mithilfe ihrer gemeinsamen Studien der *Grundlinien einer Erkenntnistheorie der Goethe'schen Weltanschauung* von Rudolf Steiner wurde eine Strategie ausgearbeitet, mit der man die Konsequenzen eines Austrittsantrags auf ein Minimum beschränken wollte. Beim Verhör vor einem Parteigremium gestand Günter im Brustton der Überzeugung, dass er sich intensiv mit Goethe beschäftige und dessen Anschauungen für ihn nicht mit denen des Kommunismus zu vereinbaren seien. Er riskierte damit den Verlust seiner gesamten Lebensgrundlage, konnte aber seinen Parteiaustritt durchsetzen.

In der folgenden Zeit fand Günter fortwährend Post mit Hetzschriften gegen den Staat in seinem Briefkasten, geschrieben auf schlechtem DDR-Papier, aber mit westlichem Absender. Daraus wollte man ihm einen Strick drehen, doch er brachte die noch ungeöffneten Briefe schleunigst zur Polizei und gab sie empört zurück. Uns allen war klar: Von nun an lebte Günter gefährlich. Unablässig folgten ihm zwei als Privatwagen getarnte

Polizeiautos. Um die Eurythmie-Arbeit, an der er unbedingt weiter teilnehmen wollte, nicht zu gefährden, fuhr er mit seinem Fahrrad mit unglaublicher Schnelligkeit verzwickte Umwege durch die Trümmerlandschaft zu unserem Schulruinen-Eurythmie-Domizil. Ich hatte die Aufgabe, oben aus dem Fenster zu spähen. Wenn ich ihn um irgendeine Ecke flitzen sah, eilte ich schnellstens nach unten, um das Eingangstor aufzusperren und – sausend fuhr er herein – hinter ihm wieder abzuschließen. Lachend begrüßten wir uns!

Mit der Uni-Karriere von Günter Pohl hatte es nun ein jähes Ende. Nach einigen Jahren harter und schlecht bezahlter Arbeit in der Industrie zog er auf das einzige biologisch-dynamisch wirtschaftende Gut im ganzen Ostblock, die Marienhöhe bei Bad Saarow. Dort hat er die Finanzen in Ordnung gebracht, die nötigen Neubauten betreut und ab sechs Uhr in der Frühe den Schweinestall versorgt. Dort war er ein rührender «Vater» all der kleinen, rosigen Ferkelchen, denen er mit seiner warmen Bassstimme während des Fütterns liebevoll zusprach, besonders bevor sie geschlachtet wurden. Wir haben ihn nach vielen Jahren dort besucht und ihn heimlich früh morgens aus dem Fenster beobachtet, wie er mit seiner großen, aufrechten Gestalt, dem dichten, dunklen Haar und den strahlend blauen Augen in seinen Stall schritt, um mit einer Schubkarre voll Mist aus diesem wieder aufzutauchen. Auf diesem Gut hatte er seine wahre Heimat gefunden, indem er unbehelligt zusammen mit anderen seinen geistigen Interessen nachgehen konnte – auch als «heimliches» Mitglied der Hochschule für Geisteswissenschaft am Goetheanum. Für diese übernahm er bald auch weitere Aufgaben; in den Führungsgremien bemühte er sich später, zwischen den ost- und westdeutschen Arbeitszentren der Anthroposophischen Gesellschaft zu vermitteln.

Als wir ihn noch vor der Wende nach Göttingen, unserem jetzigen Wohnort, einluden, als ihm zur Regelung einer Erban-

Günter Pohl um 1958.

gelegenheit die Ausreise gestattet wurde, sahen wir ihn endlich wieder. Unbeeindruckt vom westlichen Flair bummelte er mit uns durch die Stadt mit einem Jackett, aus dem ihm seine langen Arme über die Maßen herauslugten. Wir hatten das dringende Anliegen, ihm einen Wunsch zu erfüllen, doch er erklärte freundlich, aber kategorisch, er bräuchte nichts!

Günter Pohl war unser Trauzeuge. 1996 ist er unerwartet gestorben – nach einem Leben voller Güte.

Indem ich ihn als unseren Trauzeugen nenne, fällt das Stichwort zu einem wohl typisch «weiblichen Drama», bei dem die Unvereinbarkeit von beruflichen und privaten Lebenszielen wie bei einer Vielzahl junger engagierter Frauen in ein unlösbares Dilemma hineinführt.

Als einzige Eurythmistin in der DDR blieb mein Wirkungsbereich natürlich nicht auf Dresden begrenzt. Zu meinen Aufgaben gehörten auch die Jugendkurse und die Kurse im Priesterseminar in Leipzig. In den Ferien unterrichtete ich fast immer dort und die Menschen richteten sogar ihren Jahresurlaub von vierzehn Tagen danach, nur um ganztags Eurythmie zu machen. Dadurch waren sie auf dem gleichen Stand des Könnens wie meine Dresdener Schüler. Jugendtagungen betreute ich, wo immer sie stattfanden. Eine für mich sehr bereichernde Aufgabe waren meine Stunden für die jungen Priester der DDR, die sich ab und zu in Dresden zu einem Treffen einfanden. Mir zuliebe wählten sie für ihre Seminare Texte aus dem Werk Rudolf Steiners, die nicht nur für Theologen, sondern auch für Eurythmisten wesentlich waren – und besonders für jene eine Eurythmistin, die sonst auf sich allein angewiesen wäre. In ihrem Kreis konnte ich mich geborgen fühlen und ich durfte in diesen Tagen reichlich empfangen, auch durch den Austausch über gemeinsame Probleme.

All dies machte mir die Notwendigkeit eines Totaleinsatzes für die Eurythmie nur allzu deutlich. Als noch andere Faktoren hinzukamen, entschlossen sich Florian und ich, einige Wochen voneinander fernzubleiben, bevor wir uns für oder gegen eine Heirat entscheiden wollten. Bei früheren Entscheidungen sagte mir eine innere Stimme immer ganz genau, was ich zu tun hatte. Nun, neunundzwanzigjährig, blieb diese Stimme stumm.

Die Entscheidung war doppelt schwer, denn im Falle eines Zusammenlebens mussten wir irgendwie versuchen, in den Westen zu entkommen. Für Florian gab es als Wissenschaftler keine Perspektive im Osten. Er wäre vor Aufgaben gestellt worden, die er – wie beispielsweise die Atomforschung – mit seinem Gewissen nicht hätte vereinbaren können. Bei einer früheren Suche nach Alternativen landete Florian in Leipzig einmal in einem Orientierungskurs der Christengemeinschaft, bei dem sich Interessierte über ihre Eignung für das Priesteramt vergewissern konnten. Im Einzelgespräch wurde ihm die Frage gestellt, ob er diesen Beruf auch dann ausüben könne, wenn wochenlang nur ein einziges altes Weiblein im Weiheraum säße, und er erkannte, dass er dazu nicht fähig sei. Eine andere Alternative, nämlich den Weg seines Freundes Günter Pohl einzuschlagen, der unter Umständen im Schweinestall enden konnte, war für ihn unvorstellbar. – Ich stand daher vor der Wahl, mich für die Ehe zu entscheiden und dafür alles im Stich zu lassen oder meiner bisherigen Aufgabe treu zu bleiben und meinen eigenen Weg zu gehen.

Nun ergab es sich, dass jeder von uns zwar zeitgleich, jedoch unabhängig voneinander gefragt wurde, ob er beim *Paradeis-Spiel* der *Oberuferer Weihnachtspiele* mitmachen würde, wie schon in den Jahren davor. Diesmal wurde mir die Rolle der Eva angeboten. Die erste Probe kam. Und was sah ich? Den lieben Florian als Adam mir zur Seite! Als der Schock der ersten Probe überwunden war, taten wir in den nächsten Proben so, als würden wir uns nicht kennen – zum großen Erstaunen unserer Mitspieler. Einige Male überstanden wir ganz tapfer die Worte: «I bi dei weib, und du mei man. I bitt, schau nur den baamer an», bis es uns plötzlich zu viel wurde – unsere Standfestigkeit war gebrochen. Als sich einmal auf einem Spaziergang auf der sogenannten Paradieses-Wiese ein großer schwarzer Pudel unbeirrbar zu uns gesellte, den wir nicht abzuwehren imstande waren, kam uns das sehr merkwürdig vor. Gut, dass er wenigstens nicht noch sagte: «I bin der eh'teufel genannt», wie es im *Paradeis-Spiel* so schön heißt.

Einiges begann sich in Dresden nun zu verändern. Viele der tragenden Leute planten, die DDR zu verlassen. Rentner versuchten ihr Heil auf legalem Wege, die Jüngeren mussten sich in ein ungewisses Abenteuer stürzen. Dazu waren auch etliche meiner tüchtigen Mädchen bereit, da sie ein Eurythmie-Studium ersehnten. Zu den Ausreisewilligen gehörten auch die Kaysers. Damit ergab sich die Frage, was aus ihrer Fabrik werden würde, die schon damals zu Zweidritteln im Besitz des Staates war. Eurythmie-Unterricht würde es dort jedenfalls nicht mehr geben. Selbstverständlich sprachen Kaysers nur mit mir als Betroffene über ihre Pläne, ebenfalls die Mädchen, mit denen ich gemeinsam beratschlagte. Alles musste streng geheim bleiben, weil DDR-Flucht mit Gefängnis bestraft wurde.

Bei meiner überaus großzügigen und unkonventionellen Tante in Berlin-Zehlendorf hatten wir unseren gemeinsamen Stützpunkt. Dort hatten auch vorher schon meine jungen Mädchen übernachtet, wenn sie sich mutig über die Grenze gewagt hatten. Vor dem Mauerbau war dies zwar gefährlich, zumindest in Berlin aber nicht unmöglich. In West-Berlin konnten sie einen Eindruck von größeren Eurythmie-Aufführungen bekommen, zu deren Besuch ich sie ermutigte, und sie konnten ins westliche Milieu eintauchen. Auch der Ausflug nach Ost-Berlin lohnte sich, denn dort war die Versorgungslage wesentlich günstiger als bei uns in der «Provinz». – Für die Mädchen, die bei einem Eurythmie-Studium im Westen alle Brücken zum Elternhaus abbrechen mussten, wäre ich – so versuchte ich mir einzureden – nach meiner Übersiedelung weiterhin erreichbar. Doch all diese Überlegungen brachten mich nicht zur endgültigen Entscheidung. Für Florian wurde dieser Zustand allmählich unzumut-

Nach einem Priester-Kurs vor dem mit Kette und Schloss gesicherten Tor des Fabrikgebäudes (rechts Gerhart Palmer).

bar, daher entschloss ich mich, mein Jawort zu geben. In einem Brief an meine Mutter vom Mai 1960 berichtete ich, wie ich nach einem Besuch bei den Reisingers, die mir die Bedeutung meiner Aufgabe vor Augen hielten und ins Gewissen redeten, erneut ins Wanken geriet und die schrecklichen Nächte der Qual aufs Neue begannen.

Um dem ein Ende zu setzen, heirateten wir heimlich, und ich erinnere mich noch daran, wie es mir beim anschließenden Essen die Kehle zuschnürte. In rührender Weise versprach mir Florian, ich dürfe mein ganzes Leben lang Eurythmie machen, er wolle das auch. Er hat sein Versprechen bis heute gehalten und half dabei nach seinen Möglichkeiten.

Inzwischen war die Fertigstellung von Florians Dissertation in Sicht und es musste eine Entscheidung für die Zukunft getroffen werden. Durch einen glücklichen Umstand gelangten wir beide im Sommer 1960 auf illegalem Weg nach Dornach. Dabei ergab es sich, dass Florian beim Krebsforschungsinstitut Hiscia im benachbarten Arlesheim eine verlockende Stellung angeboten wurde. Nach Dresden zurückgekommen, bereiteten wir nun nach der heimlichen standesamtlichen Trauung eine «richtige» Hochzeitsfeier vor, die im Oktober stattfand. Im Gepäck der mit uns feiernden Familie gelangten bereits etliche unserer Haushaltsgegenstände in den Westen. Mein Bruder und seine Braut boten uns an, mit ihrer Eheschließung bis zum Abschluss von Florians Doktorarbeit zu warten. Dies würde uns Gelegenheit geben, eine Aufenthaltsgenehmigung zu beantragen und bei unserem Besuch im Westen die DDR «unauffällig» zu verlassen.

Die letzten Monate arbeitete ich mit wehmütigem Herzen – meine Schüler schienen das Ende zu ahnen, aber niemand sprach darüber. Florian arbeitete verbissen und unermüdlich an seiner Promotion. Inzwischen war ich in seine Studentenbude eingezogen, wo ich auf einem schmalen Feldbett campierte, und besorgte den Haushalt. Mit einer Vierteldrehung seines Stuhls vom Schreibtisch zum Esstisch konnte er ohne Zeitverlust die Mahlzeiten einnehmen. Seine Laborarbeiten waren bereits abgeschlossen und so füllte sich Seite um Seite. Doppelte Eile war angesagt, denn an Weihnachten merkten wir, dass ein Kind zu uns kommen möchte, und wir wollten die Strapazen einer Flucht keinesfalls einem Säugling zumuten.

Meine letzte eurythmische Tat war ein schon lange versprochener Kurs mit Toneurythmie in Leipzig für die dort zahlreichen Musiker und Komponisten. Es war wunderbar, mit all den Musikbegeisterten Eurythmie machen zu dürfen. Der ganze Raum war erfüllt von Melodien, Intervallen und Rhythmen, es war ein einziges Klingen.

Nachdem ich allen meinen Schülern das Ende der Eurythmie-Arbeit mitgeteilt hatte, bekam ich so viele Briefe voller Dank, Traurigkeit und guten Wünschen, dass ich Sorge hatte, meine Erschütterungen könnten dem ungeborenen Kindlein schaden. Gut, dass ich damals noch auf eine Nachfolgerin hoffen konnte, eine noch sehr junge Eurythmie-Studentin, die bei Helene Reisinger in Berlin studierte und deren Familie in der DDR lebte. Aber sie konnte ihr Studium vor dem Mauerbau nicht mehr beenden und ihre Pläne zerschlugen sich.

Ein Jahr vorher war eine Leipziger Gymnastiklehrerin, die meine Kurse besucht hatte, eines Abends sehr spät ganz außer sich zu mir nach Dresden gekommen. Ihr Bruder war wenige Tage zuvor in Stuttgart tödlich verunglückt und sie hatte geträumt, dass er unmissverständlich zu ihr sagte, sie solle Eurythmie studieren! Wir berieten bis weit in den frühen Morgen hinein, an dem sie auch gleich wieder abreisen musste. Es ging einfach nicht anders: Ich musste ihr so schnell wie möglich einen Studienplatz bei Reisingers in Berlin vermitteln. Tatsächlich, sie schaffte es, täglich von Ost-Berlin unter mühseligen Umständen nach Zehlendorf zu fahren. Sie konnte ihre Ausbildung

Heimliche Hochzeit im Sommer 1960.

abschließen, weil Helene Reisinger nach dem Mauerbau jede Woche nach Ost-Berlin kam – ihr österreichischer Pass ermöglichte dies –, trotz aller Schikanen und Wartezeiten am Bahnhof Friedrichstraße. Es war ein Heldenstück der ohnehin stark ausgelasteten Leiterin der Berliner Eurythmieschule.

Für zwei «meiner» Mädchen eröffnete sich später die Gelegenheit zu einem Fernstudium: Die Eurythmistinnen Angela Locher und Gerda Lehn kamen jährlich zweimal aus Dornach angereist – einmal mit dem Vorwand, die Leipziger Messe zu besuchen, das zweite Mal auf persönliche Einladung – um junge Menschen auszubilden, was für beide Seiten mit großen Opfern verbunden war. Von dieser Entwicklung konnte ich damals noch nichts wissen. Im Nachhinein gab es mir aber den Trost, dass die Eurythmie-Arbeit in Leipzig und später auch in Dresden ihre Fortsetzung gefunden hatte.

Im Jahre 1961 machte sich in der ganzen DDR eine gewisse Unruhe bemerkbar. Etwas lag in der Luft; man spürte, dass sich in nächster Zeit Grundlegendes ändern würde. Auch wenn niemand an den Bau einer Mauer dachte, der die Grenze unüberwindbar machen würde, herrschte eine Spannung, die viele Menschen zur schnellstmöglichen Flucht aus der DDR bewegte. Die «Republikflucht» endete für viele in den Gefängnissen Berlins und es reichte schon für eine Inhaftierung, wenn Urkunden, Musikinstrumente oder sogar eine Bratpfanne im Gepäck gefunden oder wenn mehrere übereinander getragene Röcke entdeckt wurden – all dies geschah in unserem Freundeskreis. Wir zitterten jedes Mal, bis wir von unseren jeweiligen «Auswanderern» auf verschwiegenen Wegen erfuhren, dass sie im Westen angekommen waren.

Mehrfach kam Florian in Situationen, die ein äußerst geschicktes Verhalten erforderten, um den Verdacht von uns und unseren fluchtwilligen Bekannten abzulenken. Nachdem einer von ihnen des Nachts beobachtet wurde, als er seine Waschmaschine durchs Fenster abseilte, dann in Gegenwart Florians unter mächtiger Rauchentwicklung alte Dokumente verbrannte und dabei von einem Polizisten ertappt wurde – nun nach der erlösenden Nachricht, er sei mit seiner Familie jetzt «drüben», plötzlich wieder vor unserer Tür stand, packte uns die helle Verzweiflung. Er wäre nochmals zurückgekommen, gestand er, um sich in der Galerie des Zwingers von der *Sixtinischen Madonna* zu verabschieden. Von einer anderen Familie, der die Flucht bereits gelungen war, erhielt Florian einen Brief mit Haus-, Schrank- und Schreibtischschlüsseln. Darin stand, dass sie nicht mehr zurückkämen und er möge ihnen alle wichtigen Papiere und andere Wertgegenstände nachsenden. Die Sendung kam jedoch ohne die Schlüssel an – und jeder wusste, wie scharf die Post kontrolliert wurde. Für uns konnte das schwere Folgen haben, denn selbst Mitwissern drohte Strafe. Florian erhielt auch sofort eine polizeiliche Vorladung und musste sich einer heimtückischen Befragung unterziehen. Man musste sehr genau wissen, wie man sich den Fangfragen zu entziehen hatte, um unverdächtig zu wirken. Florian erzählte, er stehe bei dieser Familie in der Schuld, weil er für einen Beinbruch der Tochter des Hauses verantwortlich sei, den er einmal während einer allzu wilden Schlittenfahrt verursacht habe. Die Familie erinnere sich wahrscheinlich daran und wolle ihm nun eine Gelegenheit bieten, das wiedergutzumachen.

Es gab einige Vorfälle dieser Art, durch die das ganze Netz unserer anthroposophischen Freunde für die Stasi hätte sichtbar werden können, und alles geschah, während auch wir unsere Flucht vorbereiteten. Trotz der angespannten Situation verlor ich jedoch niemals das Vertrauen, dass sich alles zum Guten wenden würde. Ich lauschte in die Wesenheit meines herannahenden Kindes hinein.

Um alle Wertsachen wie Geburts-, Diplom- und Heiratsurkunden, aber auch unser Tafelsilber auf einmal in Sicherheit zu bringen, wählten wir den Sonderzug Prag – Dresden – Berlin, im Volksmund «Bonzen-Schleuder» genannt. Die Fahrt kostete ein Vermögen, doch wegen der vielen ausländischen Fahrgäste würde man nur zurückhaltend kontrolliert, hatte man uns erzählt. Es war im Mai, ich hatte Blumen für meine Tante in Zehlendorf und dicke Koffer dabei. Die Blicke der Kontrolleure gingen lange zwischen uns und unserem Gepäck hin und her. Dann nahmen sie unsere Ausweise mit. All die vornehmen Mitreisenden richteten einen bemüht teilnahmslosen Blick in irgendeine Ecke des Abteils, ohne ihre Spannung verbergen zu können. Im Gang wurden dicke Bücher immer wieder aufgeschlagen und immer wieder wurden unsere Pässe intensiv gemustert. Andere Beamte gesellten sich dazu, während jeder von uns demonstrativ in einem Buch «las». Mein armes Kindlein zappelte unbändig wie niemals zuvor oder danach. Ich dachte, ich zerspringe. Nach einer längeren Beratung auf dem Gang – es kam mir wie eine Ewigkeit vor – öffnete sich die Abteiltür. Einer der Kontrolleure gab uns gewollt lässig die Ausweise zurück und verschwand. Trotz der Aufregung fühlte ich während dieser Zeit eine schützende Glocke um mich herum. Sie war aus Licht.

Wieder zurück in Dresden musste noch eine weitere aufregende Situation von uns überstanden werden. Florian musste nun die mündlichen Prüfungen für seine Promotion möglichst schnell absolvieren. Andernfalls wären lange Jahre des Forschens umsonst gewesen oder die Ausreise noch vor der Geburt unseres Kindes wäre gescheitert. Selbst für Naturwissenschaftler war eine Prüfung im Fach «Dialektischer und historischer Materialismus» (Philosophie) abzulegen. Florians Themen lauteten: «Die Stellung der Erkenntnistheorie im System der gesamten Philosophie» und «Lenins Materiebegriff in seinem philosophischen Hauptwerk *Materialismus und Empiriokritizismus*». Florian, der Rudolf Steiners erkenntnistheoretische Schriften in innerer Auseinandersetzung mit dem Marxismus studiert hatte, geriet mit seinen Prüfern in eine lebhafte Kontroverse, die dazu führte, dass ein weiteres Gespräch angesetzt wurde.

Davon lasse ich Florian hier selber berichten: «Beim ersten Thema war die offizielle Lehrmeinung, Erkenntnistheorie sei am Ende aller Philosophie zu behandeln, gewissermaßen als Summe alles Wissens, während ich erläuterte, sie müsse am Anfang alles Philosophierens stehen, um den Erkenntnisprozess erst ohne Voraussetzungen zu klären und so ein Fundament für alles Weitere zu bilden. – Beim zweiten Thema ging es um Lenins Kernaussage: Der Materiebegriff sei nach der Krisis in der modernen Physik nur als das objektiv Existierende zu fassen und an keine Erscheinungsform mehr zu binden. Ich habe dann argumentiert, die primäre Kategorie des Objektiven umfasse auch den objektiven Geist – so ein solcher denn existiere –, es liege also ein Denkfehler vor, da die Grundfrage des dialektischen Materialismus nach dem Primat der Materie unbeantwortet bleibe.»

Bei jedem falschen Wort hätten er und damit auch unsere Fluchtpläne scheitern können, doch er überstand die Prüfung mit Bravour. Vor diesem Hintergrund diskutierten sie zwei Nachmittage und die Repräsentanten des Staates gaben ihm wegen seines Engagements die Bestnote. Seine schriftliche Arbeit war unter geheimnisvollen Umständen schnell beurteilt worden. Nur die Verteidigung seiner Dissertation stand noch aus und konnte bis zur Hochzeit meines Bruders nicht mehr stattfinden. Die zeitlich kurz bemessene Aufenthaltsgenehmigung lag vor und wir mussten ohne das angestrebte Zeugnis losfahren. Florian musste nach der Hochzeit also wieder nach Dresden zurück und mich im Westen auf ungewisse Zeit zurücklassen. Als die genehmigte Zeit für mich abzulaufen drohte, schrieb mir ein verständnisvoller Arzt ein Attest, dass ich aus gesundheitlichen Gründen nicht reisefähig sei. Das wiederum konnte den Behörden in Dresden verdächtig vorkommen.

In dieser angespannten Situation konnte Florian seine Prüfungen abschließen, doch ein neues Hindernis trat auf – für uns heute unvorstellbar, aber damals nichts Ungewöhnliches: Es stellte sich heraus, dass das spezielle Papier, auf dem die Pflichtexemplare der Doktorarbeit gedruckt werden mussten, nicht zu beschaffen war. Ein verzweifeltes Herumreisen in der ganzen DDR brachte keinen Erfolg, bis der Chef der Uni-Druckerei, durch West-Zigaretten bestochen, sich das gewünschte Papier entlocken ließ. In tagelangem Einsatz wurden die übergroßen Bögen nach dem Druck geschnitten und seitenweise geordnet und so gelang es Florian mit der Hilfe all seiner Freunde, die Arbeit doch noch termingerecht abzugeben.

Der Termin der Geburt, an der Florian, wie von uns sehnlichst erhofft, dabei sein wollte, kam immer näher. Nachdem nun sein Promotionszeugnis auch noch an die falsche Adresse gesandt worden war, kam es einem Wunder gleich, dass es nach hektischem Hin- und Herreisen doch noch in seine Hände gelangte.

Abschied von der DDR.

Die wenigen Möbel wurden verschenkt und Florian reiste mit seinem einzigen ihm gebliebenen schwarzen Anzug, in dem er zur Prüfung angetreten war, endlich nach Berlin. Fast ohne Gepäck, nur das Zeugnis als Mini-Film im Anzug versteckt, stieg er nach der vermeintlich letzten und glücklich passierten Grenzkontrolle am Stadtrand Berlins benommen in die Ringbahn, die ihn direkt nach Zehlendorf bringen sollte. Als er aus seinem Traum erwachte, sah er zu seinem Schrecken das Schild «Marx-Engels-Platz». Er war in falscher Richtung eingestiegen, nun musste er wieder zwei Grenzstationen passieren. Den glücklichen Verlauf der Kontrollen verdankt er sicherlich seinem schwarzen Anzug, der ihm ein offizielles Aussehen verlieh.

Zitternd, aber wohlbehalten kam er um Mitternacht endlich in Zehlendorf an. Verschlafen, im Nachthemd, murmelte meine Tante ihm zu, er wisse ja, wo die Matratzen seien, und verschwand. Florian schlich auf den Dachboden, holte sich die Schlafunterlage und legte sie, um niemanden zu stören, zwischen abgestellte Fahrräder unter einen Tisch im Eingangsbereich. Gerade eingeschlafen hörte er ein Flüstern und plötzlich stolperte meine Cousine, eng umschlungen mit ihrem Freund, über das Fußende der Matratze. «Alle Betten sind leer und du schläfst unterm Tisch?», rief sie empört. Allmählich kehrte die

Jugend von der Johannifeier heim. Nun konnte Florian endlich entspannt und amüsiert einschlafen.

Meine Mutter hatte ihm das Geld für eine Flugkarte geschickt, um ihm noch weitere Grenzübergänge zu ersparen. Im Westen gelandet wurde er sofort, wie bei Akademikern üblich, in ein amerikanisches Lager gesteckt, um ihn als «Geheimnisträger» auszuforschen. Damit hatten wir nicht gerechnet. Doch ein wohlwollender Beamter entließ ihn schon nach zwei Tagen, als er vernahm, die Ehefrau sei hochschwanger.

Die intensiv durchlebten Jahre im östlichen Teil Deutschlands, denen ich so viele lebensbestimmende Erfahrungen verdanke, endeten nun ähnlich, wie sie begonnen hatten, mit einem Konzentrat existenzieller Spannungen und Hindernisse, aber im Vertrauen in die Zukunft, das ich – nun aber dank meines kommenden Kindes – jetzt wieder haben durfte. Das Anteilnehmen an Florians Prüfung, die ebenfalls eine existenzielle Auseinandersetzung mit einem Gedankengut bildete, das alles Menschengemäße eisern umklammerte, bildete den Abschluss dieser Jahre. Der alles beherrschenden Doktrin, die jede selbstbestimmte Äußerung, sei es im Denken, im Fühlen und erst recht in den Handlungen, zu einer Herausforderung und Mut-Frage werden ließ, kehrten wir äußerlich den Rücken. Innerlich hatten wir aber die Möglichkeit erworben, wenigstens in geringem Maße mit jenen Menschen mitzufühlen, die in den nächsten Jahrzehnten in dieser zunehmend lähmenden Atmosphäre den goldenen Faden einer Spiritualität im Verborgenen weiterzuspinnen versuchten und nicht abreißen ließen. Denn es wurde für sie immer schwieriger, gegen die allgemeine Lethargie, gegen die geistige Leere und den äußeren Druck anzukommen. Dabei entwickelten sie eine Kraft der Dankbarkeit für jegliche Hilfe. Gleichermaßen sind wir tief dankbar und voller Hochachtung für ihr Durchhaltevermögen bei ihrer aufopferungsvollen Arbeit. Ich glaube, diese war ein wesentlicher Beitrag, um die tiefe Wunde, die in Mitteleuropa geschlagen wurde, nicht ganz ausbluten zu lassen.

Ein neues Leben beginnt

Trotz aller Überraschungen, die unsere Pläne immer wieder an den Rand des Scheiterns brachten, wendete sich alles zum Guten, und im Rückblick scheint die Dramaturgie unserer Flucht einem Groschenroman entliehen zu sein, in dem sich in märchenhafter Unwahrscheinlichkeit alles ineinander fügt.

Ich hatte bei der Hochzeit meines Bruders dessen Schwiegermutter kennengelernt, die als ausgebildete Kinderkrankenschwester sich nichts sehnlicher wünschte, als einmal eine Hausgeburt zu erleben. Sie und ihr Mann hatten eine große Wohnung in Heidenheim, just da, wo Florian für seine künftige berufliche Aufgabe die Schnellfotografie erlernen sollte.

Ein Schweizer Gesetz gestattete uns erst nach einem Vierteljahr Aufenthalt in der Bundesrepublik, in die Schweiz überzusiedeln. Bis dahin arbeitete Florian, diese Zeit nutzend, in Heidenheim in derselben Fabrik, in der auch der Schwiegervater meines Bruders beschäftigt war. Wir erlebten dieses Zusammentreffen wie ein Wunder. Die Freude des gastfreundlichen Ehepaars, dass in ihrer Wohnung ein neuer Erdenbürger zur Welt kommen sollte, war das zweite Wunder für uns. Und dass Florian kurz bevor die Wehen einsetzten Heidenheim erreichte, war das dritte. Doch das allergrößte Wunder stellte natürlich unsere kleine Tochter selbst dar. Sie war einfach der Höhepunkt in einer langen Kette von Wundern, die unsere ganze Ausreise durchzog, einschließlich der Vorbereitungen. Getrübt wurde dieses Glück aber durch das Schicksal vieler unserer Freunde, die es nicht geschafft hatten, die Grenze rechtzeitig zu überqueren, bei ihrem Fluchtversuch festgehalten oder gar gefangen genommen wurden und ihr weiteres Leben in der DDR unter besonders harten Bedingungen fristen mussten.

Unsere neuen Freunde bereiteten liebevoll die Tauffeier für uns vor. Am 18. August – Florian war schon zur Kirche vorausgegangen – hörten wir im Radio die Meldung, die Mauer sei gebaut. Erschüttert nahm ich mein Kindlein auf den Arm und ein ernster Zug von Freunden und Verwandten bewegte sich zur Kirche. Freudig kam mir der von nichts wissende Florian entgegen. Ich berichtete ihm, was vorgefallen war. Schweigen breitete sich aus – bis das Ritual begann. Unsere Tochter wurde auf den Namen Freia getauft.

Die zweite Etappe unseres neuen Lebens begann. Im Herbst 1961 wurden wir mit Kind und Kegel in einem VW-Käfer nach Arlesheim gebracht. Dort landeten wir in einer Betriebswohnung mit zwei Zimmerchen und einem Streifen von Küche, den wir mit einem Mitbewohner teilen mussten. Außerdem hatten wir reichlich Besuch von «meinen» Mädchen aus Dresden, die nun heimatlos geworden waren. Zu allen Festeszeiten waren wir eine große und fröhliche Familie.

Langsam mussten wir begreifen: Auch im goldenen Westen ist es nicht leicht, seine eigentlichen Anliegen zu verwirklichen. Das menschliche Miteinander ist kompliziert und nimmt teilweise härtere, aufreibende Formen an. – Schon bei der Ankunft wurden wir von menschlichen Schwierigkeiten überwältigt, die sich leider auch bis in den Arbeitsbereich von Florian ausdehnten. Er musste feststellen, dass dort seit Jahren Versuchsanordnungen als Grundlage der Forschung gedient hatten, die nicht präzise waren und ihm fast nur wertloses Material boten. Viele junge Akademiker hatten schon vor ihm diese Erfahrung gemacht und waren deswegen nach wenigen Monaten gegangen. Obwohl seine Mitarbeiter alle Hoffnung in ihn setzten, wurde er für die Leitung des Instituts zu unbequem und nach elf Monaten wurde ihm gekündigt. – Ich selbst stand kurz vor der Geburt meines zweiten Kindes. Nun sollten wir unsere winzige Wohnung verlassen. Auf dem Gnadenweg wurde uns erlaubt, bis nach der Geburt dort zu bleiben. Florian arbeitete vorübergehend in einem Forschungsinstitut im benachbarten Dornach. Wie sollte es aber weitergehen?

Zwei Lösungen boten sich an. Entweder würde Florian versuchen, seine Universitätslaufbahn fortzusetzen, oder er würde die Gelegenheit nutzen, die Leitung eines im Entstehen begriffenen anthroposophischen Studentenwohnheims zu übernehmen. Trotz der offenen Situation, in der wir uns befanden, hielt uns eine kuriose Geburt bei froher Stimmung. Die Dornacher Hebamme, die schon über tausend Babys im Umkreis «fachgerecht» ins Leben geholfen hatte, behauptete im Widerspruch zu meinem eigenen Gefühl, das Kind käme erst in vier Wochen. So geschah es, dass sie im Augenblick der Not nirgends zu finden war. Doch mithilfe einer ebenfalls hochschwangeren Frau aus der Nachbarschaft, die unsere Hebamme in Dornach aufspürte und mit ihrem winzigen Auto in brausender Fahrt sieben Minuten vor der Geburt herbeischaffte, ging alles gut. Vor allem für den werdenden Vater, der bereits alle verfügbaren Scheren in kochendem Wasser brodeln ließ, bedeutete es eine Zerreißprobe. Die Hebamme warf schon im Vorgarten sämtliche Oberbekleidung von sich und zog, zur Tür hereinkommend, den Kittel über – und schon war das Bübchen da! Und als der «Prachts-Bua» vor ihr auf dem Wickeltisch lag, sah ich, wie ein «Springbrünnli» genau in ihre Kitteltasche traf, was sie zu dem freudigen Ausruf veranlasste: «Ah, das ischt ja a Himmelswässerli!»

Am zweiten Tag nach der Geburt sollte ich, noch matt in den Kissen liegend, Florian helfen, die richtige Entscheidung für seinen weiteren Berufsweg zu fällen. In seiner neuen verantwortungsvollen Situation als zweifacher Familienvater war er ungeduldig und ich überfordert. Die Stimmung war entsprechend. Er entschloss sich für das Studentenwohnheim, das Tübinger Fichte-Haus. Schließlich kam er ja in den Westen, um der anthroposophischen Sache zu dienen.

Das Studentenwohnheim befand sich noch im Rohbau und Florian fungierte als Bauleiter, während ich dreißig Kilometer entfernt für einige Wochen mit einer Notunterkunft im Souterrain vorlieb nehmen musste. Das Leben war dort äußerst kompliziert – allein die Treppen mit zwei Winzlingen nebst dem Kinderwagen zu bewältigen war anstrengend, noch dazu als ich ein drittes Baby aus demselben Mietshaus übernahm, dessen Mutter krank geworden war und die im zweiten Stockwerk versorgt werden musste.

Als ich endlich nach Tübingen ins Fichte-Haus umziehen konnte, empfing mich ein Leben voller sprudelnder Initiativen.

Fichte-Haus in Tübingen.

Freia und Holger, die Lieblinge der Studenten.

Florian hatte bereits mithilfe engagierter Studenten den Bauschutt aus allen Etagen herausgeräumt, jedoch so schwungvoll, dass beim Wurf eines Balkens aus dem Dachbereich das Treppenhausfenster von etwa zwanzig Quadratmetern durchstoßen wurde. – Durch eine von Handelsvertretern vorgetragene tragische KZ-Geschichte beeindruckt, ließ sich Florian zur Bestellung einer ganzen Lastwagenladung Toilettenpapier verleiten, welches wegen seiner Abmessungen nicht in die vorhandenen Halterungen und wegen der Menge nicht in den Keller passte. Unsere Studenten umhüllten daraufhin das von uns gerade ererbte kleine Auto liebevoll mit Toilettenpapier. Zum Trost konnten wir etwas später im *Spiegel* lesen, dass ein uns benachbartes Schwesternheim, mit einer anderen tragischen Geschichte überredet, eine Menge Toilettenpapier bestellt hatte, die auseinandergerollt bis zum Mond gereicht hätte.

Das war eine der Erfahrungen mit dem «Überfluss» im Westen, die im krassen Gegensatz zu denen aus dem Osten standen. Aber es machte Freude, zu jeder Zeit im bunten Treiben zu stehen. Wo man ging und stand, ob man gerade den Mülleimer ausleeren wollte oder, die Kinder auf dem Arm, sich zum Spaziergang oder Einkauf aufmachte, immer wurde man «gebraucht» und mit Prüfungssorgen, Liebeskummer oder Konflikten mit den Eltern konfrontiert. Immer wieder hatten wir interessante Gäste zu den Mahlzeiten, entweder eingeladene Vortragsredner, die ich zu versorgen hatte, oder Studenten, die Probleme oder Ideen besprechen wollten. Es gab heiße Diskussionen über moderne Literatur oder über naturwissenschaftliche Streitfragen. Arbeitskreise wurden eingerichtet, Tagungen veranstaltet, Theaterstücke aufgeführt und – für mich besonders wichtig – Eurythmie-Kurse durchgeführt. Es war eine schöne Herausforderung, über die eurythmischen Grundlagenkurse hinaus all die Extrawünsche von werdenden Klassenlehrern, Ärzten, Biologen oder Germanisten zu befriedigen. Und immer fand ich einen Babysitter. Als die gewitzten Kleinen laufen konnten, setzten sie sich zu einer von ihnen exakt gefühlten Zeit auf die Freitreppe vor dem Haus und verschwanden alsbald mit einem aus der Uni kommenden Studenten in dessen Zimmer – und wurden verwöhnt!

Auch hier waren wir wieder eine Art Zufluchtsstätte für die nun in Dornach oder Stuttgart Eurythmie studierenden, jetzt ohne Familie lebenden Mädchen aus Dresden geworden. Diese war auch bitter nötig, denn eines von ihnen erkrankte schwer und blieb über ein Jahr bei uns.

Als besondere Aufgabe empfand es Florian, herausragende Professoren ins Fichte-Haus einzuladen, um einen möglichst lebensnahen Kontakt zwischen ihnen und den Studenten herzustellen. Die Vorbereitungsgespräche zu solchen Veranstaltungen führten zu interessanten Begegnungen. Als besonders intensive Zeit erlebte ich die Vorbereitungen für die Gründung einer anthroposophischen Klinik in Herdecke. Jeden Monat trafen sich bei uns Ärzte mit den Studenten, wobei auch Eurythmie auf der Tagesordnung stand. Ich erinnere mich an Metamorphose-Übungen und wir übten die Planetenbewegungen, um auf Empfindungsebene tiefer in die Substanz der Metalle einzudringen. Es war eine glückliche und erfüllte Zeit, für die ich tief dankbar bin, denn welche Eurythmistin hat einen so schönen Saal direkt vor der Wohnungstür und dazu Menschen, die liebend gern – als Ausgleich zur Gedankenarbeit – ihre kleinen Kinder hüten?

Anfang des Jahres 1965 trat Marta Heimeran, die Tübinger Christengemeinschafts-Priesterin aus dem Urpriesterkreis, mit der Bitte an mich heran, zur Feier des dreijährigen Bestehens des Tübinger Kirchenbaus Eurythmie zu machen. Wegen der schicksalhaften Beziehung Hölderlins zu Tübingen, wo er seine letzten Lebensjahre in einer Turmstube am Neckar verbrachte, wünschte sie sich die *Friedensfeier,* eines der größten und geheimnisvollsten Gedichte seiner letzten Schaffenszeit. Damit wollte sie Hölderlin als eine Art Schutzpatron herbeibitten. Ich wusste nicht, ob und wie es mir gelingen würde. Doch Marta Heimeran verkündete mir siegessicher: «Sie schaffen es!» – Ich übte in jeder freien Minute zwischen Bauklötzen und spielenden Kindern, in der Küche neben Kochtöpfen oder abends todmüde im Saal, um die Raumformen auszuprobieren. Mir wurde das Gedicht mit seinen fließenden Gedanken und Empfindun-

Marta Heimeran.

gen zu einer sich immer mehr entfaltenden Wunderblume von unergründlicher Schönheit.

Der Aufführungstermin rückte näher und meine Beklemmung wuchs. Marta Heimeran stattete mir einen letzten Besuch ab, bevor sie zu einer Taufe nach Florenz reiste. So viel war ihr an der *Friedensfeier* gelegen. Sie empfand diese als eine Botschaft des deutschen Geisteslebens. Dieses Gedicht sollte der Segen für Tübingen werden; Segenskraft ging aber auch von ihr aus, indem sie mir Mut zusprach. Nach dieser Taufe versagte ihr Herz und sie starb in Arlesheim. Die Aufführung der *Friedensfeier,* die für jenen Tag geplant war, an dem nun die Kremation stattfand, wurde verschoben und erfolgte nun zur Totenfeier. Ich war umgeben von einem Lichtraum, in dem der Christus aus Hölderlins Schau, der Fürst der Friedensfeier, wie ein Glanz hervorleuchtete. Seit dem Todestag Marta Heimerans erlebte ich das Üben vollständig anders als je zuvor: Alles Überlegen fiel von mir ab, es floss etwas auf mich zu – ich war mehr als ich selbst. Später wurde ich mit diesem einzigartigen Gedicht noch neun weitere Male zu teils großen Veranstaltungen gebeten. So breitete sich der Segen Marta Heimerans über weite Gebiete aus.

Mitte des Lebens

Florian pflegte von Tübingen aus weiterhin den Kontakt zur naturwissenschaftlichen Sektion in Dornach. Dadurch kam er mit drei Göttinger Professoren zusammen, darunter Norbert Pfennig, der sich ihn zum Mitarbeiter wünschte. Da es Florian nach drei Jahren Pause wieder mächtig zur Wissenschaft zog und in Göttingen eine sinnvolle Aufgabe lockte, entschlossen wir uns, dorthin aufzubrechen. Auch mich lockte man mit Studentenkursen. Doch ich erlebte diese Übersiedlung eher so, wie Eva im erwähnten *Paradeis-Spiel*: «Folg deinem man, erziach dei kind, so verzeicht dir God all deini sind.»

Schon beim Einfahren in die Stadt unserer gemeinsamen Zukunft fühlte ich eine kalte Fremdheit. Statt der Geisteswissenschaften wie in Tübingen sind hier die Naturwissenschaften maßgebend, die in der ersten Hälfte des vorigen Jahrhunderts in Göttingen eine Blütezeit hatten. Berühmte Mathematiker und Physiker prägten die Atmosphäre dieser Stadt, in der auch die Grundlagen der Atomforschung gelegt wurden. Ein sehr dunkles Kapitel Göttingens ist sein Umgang mit den zahlreichen jüdischen Wissenschaftlern. Davon will ich an dieser Stelle lieber schweigen.

Immerhin war auch Goethe einige Male in Göttingen, sogar sehr gerne. Er nahm vielfältige Anregungen für seine wissenschaftlichen Studien auf und lobte die Universitätsbibliothek aufs Charmanteste. In seiner naturwissenschaftlichen Betrachtungsweise unterschied er sich jedoch grundsätzlich vom berühmten Albrecht von Haller, der die naturwissenschaftliche Tradition Göttingens prägte:

ALLERDINGS
Dem Physiker

«Ins Innre der Natur – »
O du Philister! –
«Dringt kein erschaffner Geist.»
Mich und Geschwister
Mögt ihr an solches Wort
Nur nicht erinnern:
Wir denken: Ort für Ort
Sind wir im Innern.
«Glückselig! wem sie nur
Die äußre Schale weist!»
Das hör' ich sechzig Jahre wiederholen.
Ich fluche drauf, aber verstohlen;
Sage mir tausend tausendmale:
Alles gibt sie reichlich und gern;
Natur hat weder Kern
Noch Schale,
Alles ist sie mit einem Male;
Dich prüfe du nur allermeist,
Ob du Kern oder Schale seist.

Goethes Gedicht trifft mitten in die Problematik der heutigen Naturwissenschaft. Ist es nicht auch ein Schlüssel auf der Suche nach dem wirklichen «Mitteleuropa»? Jedenfalls scheint die darin enthaltene Aufforderung der Selbstprüfung auch für die Mitte des Lebens wie geschaffen und ganz besonders für meine persönliche Situation in Göttingen.

Was uns erwartete, war bestürzend. Damit hatten wir nicht rechnen können. Von der lebenssprühenden Atmosphäre des Tübinger Fichte-Hauses gerieten wir unwissend in ein Netz gegenseitiger Verleumdungen, Anschuldigungen und Beschimpfungen der dort aktiven, das anthroposophische Leben tragenden Persönlichkeiten. Alle erhofften von uns Hilfe, um nicht daran zu zerbrechen – mitsamt ihrer Arbeit und dem mit ihr verbundenen Kindergarten. Statt für meine Kinder da zu sein, hörte ich mir von jedem die «richtigen» Standpunkte an – in einem Ausmaß, das weit über das Normale hinausging.

Hier bot sich die Gelegenheit, eine im Westen sich vielfach abspielende Problematik zu studieren. Sie betrifft die Veränderung der sozialen Gestalt einer anthroposophischen Institution, die bisher von einer Gründerpersönlichkeit autoritär geführt wurde und nun auf der Grundlage gemeinschaftlicher Entscheidungsprozesse arbeiten soll, an denen jeder beteiligt sein möchte. Es stellt sich die Frage, ob das Ringen um neue Sozialformen, die sich als Herausforderung des Ich gerade im mitteleuropäischen Raum besonders herausbilden wollen, und zwar als Kraft der Vermittlung und des Ausgleichs, nicht zu den zentralsten Anliegen der heutigen Zeit gehört. Eine neue Art der Brüderlichkeit ist wohl in ihren allerersten Anfängen. Und deshalb ist dieses Ringen vielleicht besonders hart. – Möge das hier Geschilderte, wenn auch im kleinen Maßstab, als Beispiel aufgefasst werden.

Die Ehefrau einer einflussreichen Persönlichkeit beherrschte das Feld der Pädagogik. Sie hatte den Kindergarten mithilfe engagierter Familien aufgebaut. Als Begründerin fühlte sie sich berechtigt, zu jeder Zeit in eine der drei Gruppen zu gehen, in die Arbeit einzugreifen und sie fortzuführen. Fortwährend wurden so die Pläne und Intentionen der Erzieherinnen durchkreuzt. Ohne Absprache versetzte sie Kinder von einer Gruppe in die andere oder beschloss kurzfristig, dass die Adventsfeier mit dem Moosgärtlein nicht stattfinden könne, weil den Mitarbeitern «der geistige Hintergrund fehle». Die Kinder hingegen waren bereits voller Vorfreude und warteten sehnlichst auf den Beginn. Da ich für die Musik zu sorgen hatte, erlebte ich das ganze Dilemma und ließ die Adventsfeier auf eigene Verantwortung stattfinden. Die Folgen waren abzusehen.

Durch ähnliche Vorkommnisse, verbunden mit schweren persönlichen Verletzungen, wurden die Kindergärtnerinnen bis ins Physische hinein krank und verließen Göttingen in der Regel sehr bald. Als ich nun die Eurythmie übernahm, wurde ich verstärkt mit dieser Problematik konfrontiert. Es war für mich eine ebenso große Herausforderung, in dieser Atmosphäre eine unbeschwerte, heilende Eurythmie mit den Kindern zu erreichen, wie in der Grauheit der DDR.

Um den Zwiespalt zu verdeutlichen, muss ich anmerken, dass die Begründerin des Kindergartens ein tiefes Verhältnis zur Anthroposophie und einen treffsicheren Blick für Schwierigkeiten bei Kindern hatte. Ihr Blick war aber ebenfalls auf alle Unzulänglichkeiten ihrer Mitarbeiter sowohl in der Arbeit mit den Kindern als auch in der anthroposophischen Zweigarbeit gerichtet, was aber nie auf direktem Weg gegenüber den Betroffenen zum Ausdruck kam. Sie wurde zu einem wandelnden Vorwurf. Nur absolute Unterwürfigkeit gab die Möglichkeit, ihrer Bitternis zu entgehen. Als Ansprechpartner für die Erzieherinnen wurde ich für sie bald zum alleinigen «Sündenbock», erst recht, als das gesamte Kollegium mit Kündigung drohte. Es ist nicht nötig, all die aufreibenden Vorkommnisse hier weiter auszuführen, die letztendlich ein vollständiges Ausscheiden der Begründerin zur Folge hatte.

Die tragenden Familien zogen bald nach Kassel, weil es dort eine Waldorfschule für ihre Kinder gab. Florian und ich mussten uns wegen der Verantwortung für die gesamte Arbeit, die uns zugefallen war, anders entscheiden. Wir blieben in Göttingen und muteten unseren Kindern die beschwerliche Fahrt in die Schule zu.

So wurde ich auf unsanfte Art in ein Metier hineingeworfen, das ich in keiner Weise angestrebt hatte, in dem ich aber zuneh-

Im Göttinger Kindergarten.

mend und viele Jahre später sogar meine zentrale Aufgabe zu erfüllen hatte, nämlich die Arbeit mit Kindern im ersten Jahrsiebt. Heute erlebe ich dieses Schicksal im wahrsten Sinne als «Geschenk des Himmels». Nirgendwo kann man im sichtbaren Bereich dieser Welt mehr im Himmel sein als bei der Eurythmie mit kleinen Kindern. Wie oft hörte ich Mütter sagen, die einmal zuschauen durften: «So schön habe ich mein Kind noch nie erlebt!» Und eine Mutter sagte mir im schwersten Augenblick ihres Lebens unter Tränen lächelnd, nachdem ihr Sohn als Erwachsener in einer Schneelawine ums Leben gekommen war: «Ich seh' ihn noch licht und leicht als Schmetterling durch den Raum fliegen!» Das war unmittelbar nach der Trauerfeier.

Meine Betreuung der Kindergarten-Konferenzen und die eurythmische Begleitung der internationalen Kindergarten-Tagungen führten dazu, dass ich angehalten wurde, mich in die Menschenkunde der ersten Lebensjahre einzuarbeiten. Ich lernte, wie es durch die Eurythmie in einmaliger Weise möglich ist, in diesem Alter an die Wurzeln des Werdens heranzukommen. Dabei können die Grundlagen des Wahrheitsempfindens für das ganze Leben gelegt werden – ein Gesichtspunkt, dem noch sehr selten seine wirkliche Bedeutung beigemessen wird. Es ist aber der zukunftsträchtigste Gesichtspunkt, den wir im Zeitalter der elektronischen Medien und der Chaotisierung alles Menschlichen für die gesamte Pädagogik verinnerlichen sollten.

Eine Aussage Rudolf Steiners ist mir durch die jahrzehntelange Erfahrung zur Gewissheit geworden: «Was also würde die Gottheit machen, wenn sie den Menschen tatsächlich aus einem Erdenkloß, aus dem Staub der Erde formen wollte, was würde die Gottheit machen? Die Gottheit würde Bewegungen machen, und aus dem, was aus diesen Bewegungen entsteht, wie sich im Sinne dieser Bewegungen der Staub der Erde formt, das würde zuletzt die Menschenform geben.» Und etwas später heißt es: «Wenn man den kleinen Menschen, das Kind vor sich hat, das noch nicht fertig ist, das erst ein voller Mensch werden soll – man soll nachhelfen der Gottheit, damit die Form richtig weitergebildet werde, welche die Gottheit veranlagt hat beim Kinde –, was muss man denn für Formen anwenden im Unterricht, in der Erziehung? Eurythmieformen. Das ist die Fortsetzung des göttlichen Bewegens, des göttlichen Formens des Menschen.»[13] Die Erfahrung sagt mir: Ja, diese Formen kommen aus der Wahrheit des Ewigen. Dadurch kann das Bewegen dieser Formen mit der ganzen Gestalt auch bewirken, dass diese Wahrhaftigkeit die ganze Menschengestalt tief durchdringt, je früher desto umfassender.

Damals wollte ich hauptsächlich künstlerisch tätig sein. Aber den Ruf, am Aufbau der Eurythmie-Ausbildung in Alfter mitzuwirken, musste ich um des Zusammenhalts der Familie willen und wegen der auf mich hier zugekommenen Aufgabe ausschlagen. Göttingen lag nur dreizehn Kilometer vom Eisernen Vorhang entfernt und schließlich wollte ich schon immer etwas im Herzen Mitteleuropas bewirken. War ich hier nicht am richtigen Fleck? – Diese Frage konnte ich lange nicht beantworten. Immer fühlte ich mich an diesem Ort wie ein Fremdling und ich fühle dies bis heute – doch ich habe gemerkt, dass dies wohl zu diesem Leben dazugehört.

Schlimmer als ein Fremdling zu sein ist das Gehasstwerden. Die Problematik, die im und um den Kindergarten immer tiefere Wunden schlug, gefährdete jegliche Weiterentwicklung hier am Ort. Auch bei den internationalen Kindergarten-Tagungen wurden mir Machtinteressen und zerstörerische Rücksichtslosigkeit unterstellt. Die ersten Jahre meiner Tätigkeit in Göttingen waren wahre Kraftakte, bis die Gerüchte durch glaubhafte Aussagen und Dokumente allmählich erstickt werden konnten. Die durchgehende Begleitung der Arbeit in Göttingen von jener Frau, die vornehmlich das Egoistische in meinem Tun erblickte, gab mir nach einigen Jahren Anlass, kritische Blicke auf mich selbst zu werfen, wie ich es sonst in dieser Konsequenz nicht getan hätte. Obwohl sie die Flügel meiner Fantasie gestutzt, manche Zusammenarbeit mit anderen Menschen erschwert hatte, war ich in ihren Augen der Hauptsündenbock ihres tragischen Ausscheidens aus ihrer Lebensaufgabe, dem Kindergarten. Ihr hingegen verdanke ich den anfangs ungewollten Eintritt in diesen. Also musste ich mich als Erstes einmal damit auseinandersetzen, dass ich ganz offensichtlich mit diesem Menschen etwas zu tun habe.

Im Laufe der nächsten Jahrzehnte erkannte ich zunehmend diese Prüfungssituation, mit einem Zitat aus einem Rilke-Gedicht gesprochen «die Hände meines Engels», die mich «ringender zu prüfen» beabsichtigten. Ich erlebte diese «wie Erzürnte durch mein Haus» streifen und mich ergreifen. So wurde sie ganz allmählich von einem Antipoden zu einem Mitstreiter.

Eines Tages bat sie mich gemeinsam mit einem jüngeren Menschen zu sich, um uns ihre Sorge um die geistige Atmosphäre Göttingens mitzuteilen. Ich bekam durch ihre beißenden, gnadenlosen Charakteristiken der sich hier bemühenden Menschen einen tiefen Einblick in die Abgründe ihrer Seele.

Der für mich so schicksalsbestimmenden Frau, in deren Umkreis es sogar zu Selbstmordandrohungen gekommen war, der Gründerin des Göttinger Kindergartens und damit des hiesigen Waldorfimpulses überhaupt, sollten kurz vor Michaeli 2004 helfende Grüße auf ihrem Krankenlager ein wenig Licht bringen. Sie antwortete mir auf goldumrandetem, wertvollem, mit einer Rose verziertem Papier als Dank mit den bilderreichen Worten eines der großen Meister von Chartres, in denen dieser den Menschen aufruft, einen Schutzmantel um sich zu bilden, gewoben aus der Substanz der Liebe und der reinen Selbstlosigkeit gegen die anstürmenden bösen Geister der Vernichtung. Es ist ihr Vermächtnis. – Keinem Menschen außer ihren Töchtern und deren Familien war es gestattet, sie auf dem letzten irdischen Weg, zu ihrer Bestattung, zu begleiten. Zur gleichen Zeit wurde mein Buch über die *Eurythmie im ersten Jahrsiebt*[14] zum Druck angenommen. In ihm bemühte ich mich um eine Pädagogik, die die Fülle der Vorgeburtlichkeit mit einschließt. Dieser Frau habe ich meinen Weg zu den Kindheitskräften zu verdanken.

Es gibt ein ehernes Gesetz, so hatte ich gehört, dass vor jeder großen Neugründung eine dunkle Zeit durchschritten werden müsse, eine Zeit der Zerreißproben und Schmerzen. Dies jedenfalls erlebten wir in der Zeit vor der Gründung der Göttinger Waldorfschule in den Siebzigerjahren. Zunächst ging es um das Gedeihen der Kinder im Kindergarten, die bald zur Schule gehen sollten; also galt es durchzuhalten. Florian kämpfte auf der Ebene der notwendigen Trägervereine und ich im pädagogischen Bereich und wir alle um eine soziale Basis. Beispielsweise musste die gute Stimmung in den sogenannten Waldorfnachmittagen, in denen die Schulgründung vorbereitet wurde, regelrecht erkämpft werden. Doch zusammen mit den Kindergärtnerinnen gelang es, mit viel Freude und vielen Ideen im Malen, Stricken, Erzählen, Singen und der Eurythmie eine begeisternde Vorbereitungsarbeit aufzubauen, zunächst mit ehemaligen Kindergartenkindern im Alter bis zum vierten Klassenjahrgang. Sie fand jede Woche an zwei Nachmittagen statt. Jeweils vor den Ferien luden wir die Eltern zum Mitmachen und Zuschauen ein, während wir die pädagogischen Gesichtspunkte erläuterten. Einmal wöchentlich gab es einen Elternabend, unterstützt von einem Kasseler Waldorflehrer.

Nach einigen Jahren reisten eines Nachmittags dreißig Lehrer aus Kassel an, um unsere Arbeit zu begutachten. Waren die inneren Voraussetzungen nach diesen Jahren der zerreibenden Auseinandersetzungen überhaupt gegeben, um an diesem Ort eine Schule zu gründen? Bei der Eurythmie waren die Kinder in einer herausragenden Verfassung, als ahnten sie, was für sie auf dem Spiel stand, und begeisterten sämtliche Zuschauer. Sie waren mit einer solchen Freude bei der Sache, dass allen Lehrern deutlich wurde: Die Kinder wollten ihre Schule! Dann sangen wir alle zusammen und es wurde unsere Ausstellung mit den Malereien, dem Gestrickten und den selbst gefertigten Handpuppen in Augenschein genommen, in der die Kinder selbst voller Stolz die Führung übernahmen. Kurz, die Lehrer konnten gar nicht anders, als ihre Zustimmung zu einer «Freien Waldorfschule Göttingen» zu geben. Sie übernahmen die Patenschaft.

Da Florian sich gleichermaßen für unsere eigenen Kinder verantwortlich fühlte, durfte ich hin und wieder selbstgewählte Wege gehn und versorgte gern die verschiedensten Tagungen mit Eurythmie, hauptsächlich im Studienhaus Rüspe. Bei der Bemühung, zu den jeweiligen Themen – sei es die Schulung im musikalisch bewussten Hören, um den ganzen Menschen als Musik zu erleben, sei es bei Erkenntnisfragen in sozialen oder auch künstlerischen Bereichen – entsprechende Methoden und Inhalte für Kurse, Eurythmie-Demonstrationen und kleine Aufführungen zu entwickeln, musste ich mich intensiv vorbereiten. Im Zusammenklang mit der anthroposophischen Arbeit konnte ich Wesentliches lernen, wofür ich tief dankbar bin. Auch hier hieß es, prüfe dich, «ob du Kern oder Schale seist»! Dabei bekam ich grundlegende Anregungen durch Roswitha Venus,[15] Christof Lindenau[16] und vor allem von meiner Freundin Rosemarie Bünsow, mit der ich durch die Schwierigkeiten in Göttingen sehr verbunden war. Ich hatte sie bei unserer Ankunft völlig abgekämpft vorgefunden. Nach ihrem Umzug nach Kassel hat sie dort in Gemeinschaft mit Freunden das große anthroposophische Zentrum ins Leben gerufen und mir trotzdem durch inniges Verständnis auch aus der Entfernung weiterhin Beistand geleistet. Wir hatten ein großes gemeinsames Anliegen, nämlich die Verlebendigung alles geisteswissenschaftlichen Arbeitens durch die Kunst, was zur Voraussetzung hatte, sich um eine neue Bewusstseinsqualität im Schöpferischen zu bemühen. In diesen Zusammenhängen erlebte ich meine wahre Heimat, was mir Kraft für meine Aufgaben in Göttingen gab.

Aber es gab auch andere heimatlich warme Inseln in der kühlen Universitätsstadt Göttingen. Das waren die Studentenkurse, deren Anzahl und Qualität in den Siebzigerjahren ihren Höhepunkt hatten. Wie gut, dass durch Florians Initiative an dem bestehenden Gebäude des Kindergartens inzwischen ein Anbau in Form eines Eurythmie-Saals prangte – der damals einzige größere Raum in Göttingen, in dem anthroposophische Aktivitäten stattfinden konnten. Dort entfaltete sich neben den nun von den äußeren Bedingungen her mühelos gewordenen Kinder-Eurythmie-Stunden ein reiches, regsames Leben durch viele der Studenten, die ein starkes geistiges Anliegen in die Welt brachten. Diese fühlten die verlebendigende Kraft der Eurythmie als Gegensatz zu ihrem Studium, als Möglichkeit, in tätiger Weise am eigenen Leib Erfahrungen einer geistigen Realität zu machen, die neue, innere Sicherheit hervorrufen kann. Es kamen zu gewissen Zeiten drei Studentenkurse mit bis zu je zwanzig Teilnehmern zusammen. Gemeinsam feierten wir herrliche Feste, bei denen das Erarbeitete glanzvoll zur Geltung kommen konnte.

In der europäischen Geschichte spielt die Generation der «Achtundsechziger» mit ihren Revolten eine entscheidende Rolle. Die hier versammelten Jugendlichen erlebten sie im Nachklang als einen einzigen Aufschrei nach Geist. Aus dieser Stimmung heraus fiel die Wahl einer eurythmischen Ausarbeitung auf folgendes Gedicht von Nelly Sachs, das als Überhöhung ihrer Anliegen erlebt wurde. Die Gestaltung des Gedichts trug den Charakter einer sprengenden Kraft als Ruf aus Mitteleuropa: dem der Sehnsucht nach weitblickenden, prophetischen Gedanken. Es war die Zeit, als die Aufarbeitung der dunklen deutschen Vergangenheit begann, was die Studenten mit bewegender Teilnahme begleiteten. Es kam die Zeit, in der die Verantwortung für die Erde in den ökologischen Bewegungen immer mehr Form annahm. Neue Sozialformen wurden gefordert. All das begann mit dem Revoltieren gegen die «Felder der Gewohnheit». «Ohr der Menschheit / du nesselverwachsenes, / würdest du hören?»

Wenn die Propheten einbrächen
durch Türen der Nacht,
den Tierkreis der Dämonengötter
wie einen schauerlichen Blumenkranz
ums Haupt gewunden –
die Geheimnisse der stürzenden und sich hebenden
Himmel mit den Schultern wiegend –

für die längst vom Schauer Fortgezogenen –

Wenn die Propheten einbrächen
durch Türen der Nacht,
die Sternenstraßen gezogen in ihren Handflächen
golden aufleuchten lassend –

Wenn die Propheten einbrächen
durch Türen der Nacht,
mit ihren Worten Wunden reißend
in die Felder der Gewohnheit,
ein weit Entlegenes hereinholend
für den Tagelöhner

der längst nicht mehr wartet am Abend –

Wenn die Propheten einbrächen
durch Türen der Nacht
und ein Ohr wie eine Heimat suchten –

Ohr der Menschheit
du nesselverwachsenes,
würdest du hören?
Wenn die Stimme der Propheten
auf dem Flötengebein der ermordeten Kinder
blasen würde,
die vom Märtyrerschrei verbrannten Lüfte
ausatmete –
wenn sie eine Brücke aus verendeten Greisenseufzern
baute –

Ohr der Menschheit
du mit dem kleinen Lauschen beschäftigtes,
würdest du hören?

Wenn die Propheten
mit den Sturmschwingen der Ewigkeit hineinführen
wenn sie aufbrächen deinen Gehörgang mit den Worten:
Wer von euch will Krieg führen gegen ein Geheimnis
wer will den Sterntod erfinden?

Wenn die Propheten aufständen
in der Nacht der Menschheit
wie Liebende, die das Herz des Geliebten suchen,
Nacht der Menschheit
würdest du ein Herz zu vergeben haben? [17]

Neben unbeschwerten Geselligkeiten fanden Gespräche von existenzieller Intensität bei uns im Wohnzimmer statt. Viele fanden in Professor Ernst-August Müller ihren Lehrmeister, der für physikalische Diplom- oder Doktorarbeiten spirituell sinnvolle Themen im Rahmen des Max-Planck-Instituts vergeben konnte, da er dort die leitende Funktion innehatte. Für das Gebiet der Botanik war Robert Bünsow als Universitätsprofessor Anlaufstelle für Studenten, die in das Reich der Metamorphose eindringen wollten.

Der Schulbetrieb begann 1979 unter den Fittichen der Kasseler Waldorfschule mit vier Klassen. Gründungseltern und -lehrer bilden in einer solchen Pionierphase eine intensive Gemeinschaft. Vorbereitungsversammlungen, aber auch die Gründungsfeier fand im mit 120 Menschen völlig überfüllten Eurythmie-Saal des Kindergartens statt, während der Unterricht noch in einem nahe gelegenen Dorf abgehalten werden musste.

Ein Eurythmie-Mütterkurs, der sich im Kindergarten gebildet hatte, führte das Märchen *Die Kristallkugel* auf. Zehn Jahre später zum Jubiläumsfest hat es die elfte Klasse erneut aufgeführt und

In einer Dorfschule begannen wir: «Wenn die liebe Sonne lacht, flugs wird's Häuschen aufgemacht.»

zum 21. Geburtstag der Schule haben wir mit vereinten Kräften daraus ein klassenübergreifendes Ereignis gemacht. So hat sich die Segenssubstanz dieses Märchens bis zur «Mündigkeit» der Schule hindurchgezogen: das Bild der zu erringenden Kristallkugel – die Zukunftsvision eines durchlichteten Bewusstseins, durch welches die dunkle Zaubermacht wirkungslos wird und wir von ihr erlöst werden, um die königliche Hochzeit zu feiern.

Am Gründungstag erhielt ich ein Päckchen von einem mir unbekannten Absender. Es enthielt ein kleines, gerahmtes Bild des Verkündigungsengels Gabriel mit einer Lilie. Dieses Bild war mir innig vertraut, da ich es als Kind schon tief in mich aufgenommen hatte: Es hing in Berlin über dem Bett meiner Mutter, und wenn ich morgens zu ihr ins Bett kroch, hatte ich es immer genau betrachtet. Es war verwoben mit der kindlichen Empfindung der mütterlichen Hülle. Seither hatte ich es nicht mehr gesehen. Meine Mutter war vor einem Jahr gestorben und in den Jahren vor ihrem Tod hatte sie mit Interesse und guten Wünschen das Werden der Göttinger Schule begleitet. Ich habe nie erfahren, wie und von wem mir das Päckchen zugeschickt wurde. Es war ihr Gruß «aus heiterem Himmel».

Nun aber zurück zu unserem Schulalltag: Eines Morgens, als ich vor der großen Pause mit meiner Klavierbegleiterin vor unserer Dorfschule eintraf, war dort an der Mauer mit Leuchtfarbe in großen Buchstaben zu lesen: «X ist ein Ehebrecher.» Da unsere größeren Schüler schon lesen konnten, versuchten wir, diese fatale Mitteilung auszulöschen, was uns wegen der Hartnäckigkeit der Farbe nicht gelingen wollte. X war ein älterer Lehrer, der sich überraschend mit unserer verheirateten Schulärztin recht gut verstand. Wir eilten daraufhin zu unserem Gründungslehrer aus Kassel, der etwas von Chemie verstand und gerade in der dritten Klasse unterrichtete. Er gab uns ein Mittel an, welches wir schnellstens in einer Drogerie besorgten und mit dem wir in der kurzen Zeit bis zur Pause das Schriftbild wenigstens verwischen konnten. Doch bald sahen wir hoch unterm Dach dieselbe Anklage noch einmal leuchten. Am Nachmittag rückte dann Florian an, ausgerüstet mit Leiter und Chemikalien aus seinem Labor, und säuberte gründlich die Wände.

Das wiederum ist charakteristisch für eine Studentenstadt: Die Eltern nahmen den Vorfall mit Humor und ließen durch dieses Vorkommnis keinen Schatten auf unsere kleine Schule fallen. Der in einer Lebenskrise verstrickte Lehrer jedoch, der sich wegen des konkurrierenden Ehemanns in akuter Gefahr befand, verließ zusammen mit der Schulärztin Göttingen. – Zum Abschied wollte ihm die Schulgemeinschaft ein Lied singen. Alle versammelten sich auf dem Schulhof und es ertönte das einzige Lied, das alle kannten, aus vielen unschuldigen Kinderkehlen: «Auf, du junger Wandersmann ...» – im Anblick des graubärtigen, nun so bekümmert aussehenden Mannes ein für uns durchaus heiteres Geschehen! Damit war die erste Feuertaufe der jungen Gründung bestanden.

Schule – nicht nur für die Kinder

Aufs Neue gab Florian seine akademische Laufbahn auf, die er in Göttingen so erfolgreich wieder aufgenommen hatte, und entschloss sich damit zu einem totalen Berufswechsel. Die Geschäftsführung der Schule erforderte so viel Einsatz, dass sie nebenberuflich nicht mehr zu bewältigen war, außerdem stürzte er sich wieder einmal in die Funktionen eines Bauherrn, die diesmal hohe Ansprüche an ihn stellten. Die Anforderungen, die ein Schulneubau mit sich bringt, die Verantwortung für die vielen Millionen an Baukapital, daneben das Einarbeiten in die Genehmigungsverfahren, das Steuerwesen und vieles andere, all dies wirkte beängstigend in seine gesamte Konstitution hinein. Es war der Gipfel seiner «Raum schaffenden» Tätigkeit. Schon in Dresden hatte er ja versucht, einen Raum für die Eurythmie-Arbeit zu finden, dann setzte er sich für die Fertigstellung des Studentenwohnheims in Tübingen ein. Einige Jahre später verantwortete er den Anbau des Eurythmie-Raums am Göttinger Waldorf-Kindergarten parallel zum Hausbau für seine eigene Familie. Nun, in der Mitte der Achtzigerjahre, sollte sich dieses Wirken in Gestalt eines prachtvollen Schulbaus krönen – durch die Großzügigkeit der Stadt Göttingen und mit der Hilfe von geschickten Eltern und engagierten Professoren. Die Errichtung eines separaten Eurythmie-Hauses bereitete ihm besondere Freude.

Die vielen Jahre des Improvisierens hatten nun ein Ende. Es war aber auch eine schöne Zeit gewesen, in der man einen Siebtklässler manchmal bitten musste, rasch Werkzeug zu holen

Die Waldorfschule in Göttingen nach dem Entwurf des Architekten Jens Peters.

und den Schaden zu reparieren, wenn sich die Tür der Baracke schloss und man die Klinke in der Hand zurückbehielt. Oder in der sich meine Schüler für die Eurythmie mit Kapot-Hütchen, Schals und kaputten Regenschirmen auf dem Weg zum provisorischen Raum ausrüsteten, wenn vor dem Altenheim Altkleider am Straßenrand zum Abholen bereitstanden. Nicht so lustig fand ich, als sich bei gleicher Gelegenheit einmal eine alte Frau auf dem Fahrrad mühsam bei uns vorbeibewegte und einige meiner Lausbuben «das Mitleid ergriff» und dieses Vehikel mit beängstigender Geschwindigkeit die Straße entlangschob – und kein beschwörendes Rufen half. Jedenfalls hatte ich die Hauptschwierigkeit des Unterrichts schon gemeistert, wenn die Schülerschar halbwegs anständig im Kreis stand.

Der lange und abenteuerliche Weg zum Schulneubau führte vom Provisorium außerhalb Göttingens über ein zu kleines Schulgebäude mit Baracken innerhalb der Stadt und mündete

Das Eurythmiehaus der Göttinger Waldorfschule.

nun in eine neue, geregeltere Phase unseres Lebens. Eltern und Lehrer waren unermüdlich im Einsatz, bauten Lampen, brachten Holzdecken an, lasierten Wände und schmiedeten Garderobenhaken. Unsere Schule prangte nun zum Stolz unserer ganzen Schulgemeinschaft unübersehbar im Stadtbild Göttingens.

Am Anfang eines Arbeitslebens scheinen die Prüfungen, an denen man wachsen soll, mehr von außen zu kommen. In der Mitte erlebt man sie im Netz der Beziehungen zwischen sich und seinen Mitmenschen. Man wird darauf aufmerksam, wie die Umgebung Spiegel eigener Versäumnisse oder auch Stärken sein kann. Diese Prüfungen scheinen zu einem zu sprechen: «Nimmst du uns an? Machst du uns zu deinem Eigensten?» Und man ahnt, dass nur in dem Maße, wie man diese Fragen ernst nimmst, etwas Positives geschehen kann. Mit Verblüffung nimmt man dabei wahr, wie nach jeder kleinsten echten Anstrengung einem oftmals große Kräfte zukommen, gleichsam als Gnade, manchmal aber ohne unmittelbar spürbaren Erfolg. Geduld ist eine der schwersten Prüfungen in der Lebensmitte, in der man oft davon überzeugt ist, dass alles von einem selbst abhängt. – In der letzten Phase des Arbeitslebens wird man immer dringlicher aufgefordert: «Greife neue Herausforderungen auf, damit neue Fähigkeiten entstehen! Prüfe dich einmal selbst und warte nicht auf Impulse von außen!» Dabei schult man seinen Blick für die eigenen, teilweise raffinierten Ausweichmanöver, die man mit sich selbst vollführt. In dieser Beziehung ist die Schule ein hartes Übungsfeld – und existiert somit nicht nur für die Kinder.

Nie wollte ich vor der Gründung unserer Schule Schuleurythmistin werden. Die Kunst, so wünschte ich, sollte rein bleiben, was in gewisser Beziehung damals in der DDR eher gelang als in einem westlich geprägten Schulalltag. Sie sollte nicht den Strapazen des Kampfes gegen den Niedergang und die Verwahrlosung unserer Kultur ausgesetzt sein, die zunehmend an uns und unsere

Die ersten Schritte in den zukünftigen Eurythmieraum.

Kinder heranbrandet. Mir war klar: Die Eurythmie ist nun einmal der sensibelste, am wenigsten geschützte und deshalb der am meisten gefährdete Bereich einer Waldorfschule. Eltern und leider allzu oft auch Lehrer können ihr keinen Schutz bieten, da der Erziehungswert dieses Fachs in seiner Einmaligkeit und Tiefenwirkung nicht erlebt wird. Man duldet sie mehr oder weniger, weil sie eben zu einer Waldorfschule dazugehört.

Gegen diese Veräußerlichungstendenz wollte ich nun von Anfang an vorgehen. Als unsere Schule noch klein war, gab ich einführende Elternkurse, die damals noch gut besucht waren. Auch wurde selbstverständlich vor jeder Konferenz eine Viertelstunde Eurythmie gemacht, so wie es Rudolf Steiner vorschlug. Viele kleine Demonstrationen mit Kindern als auch von mir gezeigte künstlerische Darbietungen sollten Lehrern und Eltern das Einleben in dieses ungewohnte Unterrichtsfach erleichtern. Vordergründige Notwendigkeiten verdrängten dieses zunehmend wichtige Bemühen um den gesundenden Kunstimpuls im weiteren Fortgang der Schulentwicklung. Die aktuelle Frage lautet heute: Wofür nehme ich mir Zeit? Sie nimmt sich wie ein Kulturkampf aus. Zu diesem Kampf gehört auch die Einstellung zur Eurythmie. Sie ist wie ein Prüfstein für die Ernsthaftigkeit, mit der Waldorfpädagogik betrieben wird. Für sie wollte ich mich in Göttingen nun ganz einsetzen – auch für den Zusammenhang der Schule als Institution mit der Anthroposophie und ihrer Gesellschaft, die ein Zukunftsmodell einer Gemeinschaftsbildung sein will, in der man im gegenseitigen Nehmen und Geben, frei von einseitigen Standpunkten, sich Geistiges nach den Erfordernissen der Zeit erarbeiten kann. Das Warten auf die Realisierung eines entsprechenden Anliegens gehört zu den schwersten Geduldsproben des Älterwerdens, weil die Aussicht, dass sich der Erfolg während der eigenen Lebenszeit einstellt, zunehmend schwindet.

Mein Weg zur Schuleurythmistin wurde durch die intensive Kindergartenarbeit bestimmt, die sich nicht nur auf die Eurythmie bezog und bei der mir immer brennender die Notwendigkeit einer geistgemäßen, menschenkundlich fundierten Pädagogik vor Augen trat. Für unsere Kleinen konnte ich mir nichts sehnlicher wünschen als eine Schule, die dieses pädagogische Ziel verfolgt. Dann ist man in einem Prozess und fragt nicht mehr, ob man es selber will oder nicht, eher ob man den Anforderungen gewachsen ist oder nicht. Im Nachhinein bin ich für diese Aufgabe, die ich zunächst nicht angestrebt hatte, aus sehr vielen Gründen dankbar. Durch die Kinder lernte ich die Eurythmie ganz neu kennen – und durch diese die Kinder. Es gibt ja nichts Erfüllenderes, als menschliche Entwicklungen miterleben zu dürfen, die sich in besonderer Weise durch die Bewegung offenbaren. Wie froh kann man selbst dann sein, wenn nur unscheinbare Hilfen durch die Eurythmie gegeben werden.

Je älter die Schüler werden, desto spürbarer wird, dass sie sehr sensibel sind im Unterscheiden von Echtem und Aufgesetztem, vom Unterwegssein eines Erwachsenen und seinem geistigen Stillstand, und obwohl einige Heranwachsende von unseren negativen Zivilisationserscheinungen stark beeinflusst sind, spürt man doch ihre Suche nach einer Lehrerpersönlichkeit, die aus dem individuellen Mittelpunkt wirkt, damit auch sie einst ihren eigenen Mittelpunkt finden. Es ist eine permanente Prüfungssituation, im Eurythmie-Unterricht in jedem Moment, in jeder Phase der Bewegung, bei jedem begleitenden, erkennenden oder gar ignorierenden Blick geistesgegenwärtig zu sein, ein unerschütterliches Vertrauen als Lehrer aufzubringen in einem turbulenten Augenblick inmitten einer Schar von Schülern, die nach längerer Kopfarbeit frei im Raum und ohne die sie «haltenden» Stühle und Tische ihren Ausgleich in ausufernden Bewegungen suchen, die sich gegenseitig als ganze Menschen wahrnehmen in ihren Einseitigkeiten und Schwächen und die diese zu verbergen suchen. Das Vertrauen in die Schüler, die sich frei entfalten wollen – eigentlich in Harmonie mit den anderen –, ist die geforderte Kunst. Eine kontinuierliche Geistesgegenwart bei jedem getätigten Schritt und gleichzeitigem Bewusstsein für jede Gefühlsmotivation der Schüler, die Anregung für weiteres Gestalten sein kann, macht für alle den künstlerischen Prozess erlebbar. Diese gesteigerte Aufmerksamkeit und die totale Hingabe an das jeweilige Thema durch Bewegungen und zugleich gestaltetem, alles tragendem, den Raum erfüllendem Sprechen sind die Grundlagen für das Gelingen einer Stunde. Die kleinsten Störfaktoren, die Unaufmerksamkeit oder die Albernheit eines Einzelnen oder mehrerer wirken ansteckend und breiten sich in Blitzesschnelle über den ganzen Raum aus, wenn nicht eine fast übermenschliche, oder besser, vollmenschliche Kraft der Ruhe und eine fortwährende Positivität das Geschehen umfasst.

Als einmal ein Universitäts-Professor der sportwissenschaftlichen Abteilung wissen wollte, was Eurythmie sei, und bei Fünfzehn- oder Sechzehnjährigen hospitieren wollte, wurde er in meine neunte Klasse gewiesen, die sich zu der Zeit recht unbotmäßig und einfallsreich gebärdete, sodass selten eine Übung ohne Zwischenfälle ablief. Beim Schuhewechseln erzählte ich den Schülern, wer gerade im Saal auf sie wartet und fragte, ob sie nicht einmal ihre Schokoladenseite herauskehren könnten. Ein Junge, dessen Vater gerade die Familie verlassen hatte und der mir die größten Schwierigkeiten machte, schaute mich mit großen Augen an und fragte: «Glauben Sie denn, dass wir die haben?» Die gespannte Stimmung ließ es zu, dass ich fröhlich sagte: «Aber natürlich habt ihr die und darunter sogar noch ein bisschen Gold!» Zu Anfang der Stunde gaben sich meine Schwerenöter extrem lässig. Dann kam die Aufgabe, eine Aneinanderreihung verschiedener und komplizierter Stabübungen auszuführen, deren Sinn ich unserem Besuch erläuterte und was auch die Schüler sichtlich mit Erstaunen anhörten. O Wunder, meine Goldkinder waren konzentriert, schwungvoll und exakt, kein Stab fiel herunter, wo es sonst nur so klapperte – ich hatte gar nicht geahnt, dass sie die Reihenfolge der Übungen überhaupt kannten. Die Bewunderung des Professors ließ sie die anschließenden künstlerischen Dinge mit viel Engagement ausführen, sodass unser Zuschauer nur so staunte – und ich auch! Die Schüler vielleicht ebenfalls. Strahlenden Auges und mit geschwellter Brust verließen sie den Raum, indem sie sich sogar noch anständig verabschiedeten.

Drei Jahre später fuhr ich just mit dieser Klasse in die DDR – zum einen, um den Schülern einen Eindruck vom anderen Deutschland zu vermitteln, das sie nur aus dem Geschichtsunterricht kannten, und zum anderen, damit sie mit ihrer Eurythmie-Abschlussaufführung, die in der zwölften Klasse üblich ist, die Menschen «drüben» mit schönen Musikstücken und Gedichten erfreuen. So stand beispielsweise der *Chor der Sterne* von Nelly Sachs auf dem Programm. Es war das Jahr vor dem Mauerfall und die notwendigen Formalitäten waren für Besucher und Gastgeber enorm. Ein mir befreundeter Musiklehrer in der DDR bat die Eltern seiner Schüler, jeden von uns einzeln einzuladen, was mit beschwerlichen Behördenwegen verbunden war. Da dieser Musiklehrer bei seinen künstlerischen und anthroposophischen Aktivitäten in Rumänien gerne auch materielle Hilfe brachte, bat ich die Schüler, Schuhe aus einem aufgelösten Schuhladen in ihrem Gepäck zu verstauen. Ich musste mitansehen, wie sie nun die Schuhe in ihre Eurythmie-Gewänder wickelten und in die Rucksäcke stopften. Alsdann fragte ich sie, was sie wohl einem Grenzpolizisten antworten würden, wenn er die Kleider im Gepäckstück eines Jungen vorfinden würde und darüber Auskunft haben wolle. Worauf ein Schüler erklärte, er würde sagen: «Sie wissen doch gar nicht, mein Herr, was bei uns im Westen nachts gerade modern ist», während er sich wie ein Mannequin drehte.

Die Zwölftklässler glaubten, sie würden weniger auffallen, wenn sie sich im ganzen Zug unter all die Rentner verteilen würden – die einzigen DDR-Bürger, denen damals ihre Besuchswünsche genehmigt wurden. Die Schüler hatten zwar alle ihre «persönliche» Einladung, doch ich hatte den Sammelfahrschein. So erwies sich ihre großartige Idee als Illusion. Als einige dann im Zug an der Grenze – glücklicherweise ohne Gepäckkontrolle – gefragt wurden, zu wem sie eigentlich reisen würden, antwortete einer: «Ja, zu unseren Freunden!» «Kennt Ihr die denn?», fragte der Beamte listig. «Nein, aber wir wollen sie doch gerade kennenlernen», war die freudige Antwort. Nun wollte er zur Lehrerin geführt werden und ich konnte aus ehrlichem Herzen sagen, dass ich früher in Dresden gelebt hätte, diese Stadt lieben würde und sie nun meinen Schülern zeigen möchte. Leider musste ich bei weiterer Befragung den Namen des Dresdener Organisators der Besuchsaktion, Manfred Schneider, nennen, was mir große Sorge bereitete, da er unter dem Deckmantel eines Musiklehrers ohne Genehmigung Eurythmie unterrichtete. Noch mehr behördliche Aufmerksamkeit als ohnehin schon gegeben war ihm wahrlich nicht zu wünschen.

In Dresden angekommen, stürmten meine Schüler lautstark in die Straßenbahn – meine Bitten um ein möglichst gesittetes Benehmen waren wirkungslos verhallt. Ich war heilfroh, als wir endlich das Ziel erreicht hatten. Sechsundzwanzig zukunftsfreudige Schüler standen jetzt vor der Wohnungstür unseres Freundes Manfred Schneider, der seine Arme weit ausbreitete und uns mit breit strahlendem Gesicht «Herzlich Willkommen!» entgegenrief. Mit großem Getöse wurden die Schuhe hervorgeholt und unter dem Klavier gestapelt, anschließend die Rucksäcke mit den zerknüllten Eurythmie-Kleidern im Flur aufgetürmt. Lauthals gaben sie ihre Erlebnisse zum Besten, eng aneinander und übereinander sitzend, mit einem kleinen Imbiss bewirtet, bis sie von den Gastfamilien abgeholt wurden.

Am nächsten Tag trafen wir uns in einem Gemeindesaal. Seine Nutzung wurde von Manfred Schneider für ein «Schülervorspiel» erkämpft, weshalb unsere Aufführung von einem Flötenspiel eingeleitet werden musste. Der uralte blaue Hintergrund-Vorhang, den ich in den Fünfzigerjahren genäht hatte, wurde von den wackeren Jünglingen auf der winzigen Bühne aufgehängt und die Kleider mussten von den Mädchen mühsam gebügelt werden. Unermüdlich kämpften wir beim Eurythmie-Üben mit den ungünstigen Raumverhältnissen, doch trotz tumulthafter Zustände ging alles überaus lustig zu. Schließlich waren wir für die Abendaufführung gerüstet und die übermäßige Vitalität war abgearbeitet. Das Publikum dankte tief ergriffen für die großen, stimmungsvollen Gedichte und den rhythmischen Schwung bei den Musikstücken. Meine Dresdener Freundin, die uns am nächsten Tag durch die Stadt und die Museen führte, sagte abschließend, tief Luft holend: «Dass du es überhaupt gewagt hast, mit einem solchen Haufen zu reisen!» Ich musste zugeben, dass sie sich wirklich höchst sonderbar in der gedrückten Atmosphäre der DDR ausnahmen. West und Ost prallten unmittelbar aufeinander.

Die nächste Abschlussklasse, mit der ich wiederum in die DDR reiste, hatte dort ihren Aufführungstermin wenige Tage vor der Wende. In dieser Klasse waren die Schüler in ihren politischen Ansichten, die sie vehement vertraten, aber auch in ihren künstlerischen Begabungen und Lebensgewohnheiten besonders unterschiedlich, ebenso in ihren Stimmungen und Bedürfnissen. Ihr gegenseitiges Verständnis war denkbar gering. Da wir diesmal mit einem Bus fuhren, war es dem Vater eines Schülers möglich, einen Rollstuhl für eine karitative Einrichtung nach Karl-Marx-Stadt zu transportieren. Es ging bei den Grenzkontrollen sehr chaotisch zu und wir erreichten mit großer Verspätung und genervten Schülern Karl-Marx-Stadt. Während der Rollstuhl seiner Bestimmung zugeführt wurde, standen einige der Schüler wild gestikulierend und sich anschreiend um den Bus herum. Die Erlebnisse dieses Tages hatten ihre unterschiedlichen politischen Meinungen ungebremst zutage treten lassen. In ihrer Erregung fand meine Bitte, leiser zu sprechen, kein Gehör. Die Empörung brach leidenschaftlich aus ihnen heraus. Worin diese bestand, wurde auf der Rückreise während unseres Besuches in Weimar und Buchenwald noch deutlicher.

Am nächsten Nachmittag sollte das Märchen der Brüder Grimm vom *Teufel mit den drei goldenen Haaren* in einem kleinen Theater aufgeführt werden. Einige geschickte Mädchen, die schon in Göttingen mit viel Fantasie bei der Garderobe behilflich waren, kümmerten sich auch hier wieder um Schönheit und Ordnung. Die Kampfhähne vom Vortag, die eine feindlich kalte Stimmung untereinander entwickelt hatten, nahmen sich der Probleme mit der Beleuchtung an, sodass sich zugunsten der Aufführung eine gewisse Harmonie breitmachte. Ich hatte den Schülern aus mehreren Gründen das Märchen nahebringen können: Die meisten hatten ein waches Gefühl für alles Soziale und Freude daran, die kleineren Mitschüler etwas Schönes erleben zu lassen. Außerdem fesselte sie die Wirkung «jener Kraft, die stets das Böse will und stets das Gute schafft», wie sie im Märchen demonstriert wird. Doch die Hauptsache war, dass die Antworten des Teufels beim Herausziehen seiner drei goldenen Haare politisch brisant sind, wenn man die Märchenbilder aufschlüsselt. Dass man den Menschen weder lebendiges Wasser noch reife Früchte ungestraft vorenthalten darf, war unmittelbar einleuchtend. Bezogen auf die dritte Frage, wie der Fährmann von seiner Aufgabe erlöst werden kann, waren ihnen Beispiele vertraut, in denen eine durchaus ähnliche Verbindung der Welt des Menschlichen zur «Welt des Teufels» besteht. Die Botschaften, die das Glückskind auf dem Rückweg aus der Hölle zum Königsschloss den in Not geratenen Menschen überbringt, wurden auch für die DDR als sehr passend empfunden. Was wohl in diesem Staat der den Brunnen verstopfenden Kröte oder der an der Wurzel des Apfelbaumes nagenden Maus entsprechen könnte, wurde ernsthaft diskutiert, und auch über die Bedeutung des Ruders, das der Fährmann dem nächsten Fahrgast in die Hand drückt, wurde gesprochen.

Da am nächsten Tag nochmals eine Aufführung stattfinden sollte, musste nichts eingepackt werden, und so konnten die jungen Leute sogleich aufbrechen, um ihren Interessen nachzugehen. Manche zogen sich wegen des schlechten Wetters in die Gemütlichkeit ihrer Gastfamilien zurück. Nicht so unsere Feuerköpfe – ich musste sie sofort an den Ort der Demonstrationszüge, zur Hofkirche, bringen. Dort verschafften sie sich Fackeln. Mit ihnen zogen wir inmitten der Menschenmassen über die Elbbrücke am Polizeipräsidium vorbei. Dort schrieen die Menschen, ihre Transparente schwenkend, besonders laut, dann ging es zur großen Tribüne. Es war nass, kalt und schon dunkel. Frierend mit nassen Füßen in Pfützen stehend hörten wir uns eine Protestrede nach der anderen an. Plötzlich hielt es den Engagiertesten unserer Gruppe nicht mehr, er drängelte sich nach vorne und kletterte behände auf die Tribüne, um den riesigen Menschenmassen zu verkünden, was ihm im Herzen brannte, und rief zum Schluss mit lauter Stimme: «Ihr seid das Volk!» Dumpf dröhnte es aus abertausend Menschenkehlen zurück: «Wir sind das Volk!» Nur unserem kleinen Grüppchen hat es ein wenig die Sprache verschlagen.

Derselbe Begeisterte hatte die fatale Idee, die von ihm «günstig» erworbene kräftige Drahtschere von mindestens 80 Zentimeter Länge heimlich bei unserer Rückreise im Bus in den Westen zu transportieren. Dies blieb unserem Sprachgestalter nicht verborgen. Eine hitzige Auseinandersetzung, in der Letzterer uns alle, würde dieses Objekt entdeckt, im Gefängnis landen sah, trübte die Stimmung auf der Rückfahrt erheblich. Ich bin froh, dass ich nie erfahren habe, was mit diesem Instrument geschah, und war einigermaßen erleichtert, als wenig später die Grenze – auch ohne die Drahtschere – geöffnet wurde.

Wir unterbrachen die Rückfahrt in Weimar. Im Bus las unser Sprachgestalter Jacques Lusseyrans Erinnerungen an Buchenwald vor, von dessen wundersamer Strategie des Überlebens und den Hilfen, die er seinen Mitgefangenen leisten konnte, von dem in einer verzweifelten Situation gleichsam Lebenskräfte auszugehen schienen, als er auf einen Tisch gestiegen war und Gedichte rezitierte. Diese Lesung schaffte wieder eine versöhnliche Atmosphäre. Dann berichteten wir noch über die Freundschaft von Goethe und Schiller, sodass wir in der passenden Stimmung Weimar erreichten.

Hier nun zeigten sich die Unterschiede zwischen den Schülern besonders deutlich. Einige gingen ehrfurchtsvoll durch die Räume des Goethe-Hauses, andere eher gleichgültig. Letztere drängte es so schnell wie möglich nach Buchenwald. Der Schmerz über das begangene Verbrechen und das Entsetzen meiner Schüler war dort so intensiv, dass ich sie recht innig dafür liebhaben musste. – Nun war ein Schüler dabei, dessen Vater ein einflussreicher Mann in der NPD war. Die Familie besaß damals ein prachtvolles Schloss umgeben von einem Park mit Seen, Pferden usw. Dieser «arme» Schüler war schon die ganze Reise über Brennpunkt aller Diskussionen gewesen. Als er nun die hohe Zahl der Opfer Buchenwalds bestritt, mussten wir uns als «Lehrkörper» doch einschalten und gaben zu bedenken, dass es im Moment weniger darauf ankäme, wer recht habe, sondern dass wir gerade die Erschießungsanlagen und Verbrennungsvorrichtungen als sichtbare Tatsachen wahrnahmen

Dieser besagte Schüler hatte die unglückliche Idee, als individuelle Abschlussarbeit, die jeder Waldorfschüler nach eigenen Intentionen wählt, umfangreiche Zeichnungen seines Familienbesitzes anzufertigen. Da er eine auffallende Begabung für

Eurythmie hatte, versuchte ich, ihn auf dieses Gebiet umzulenken. Ich schlug ihm vor, die Hauptperson aus Friedrich Schillers *Bürgschaft,* den «Damon», eurythmisch zu gestalten. Als ich ihm von dem dort behandelten Problem erzählte, ob Gewaltanwendung politisch wirksam sein könne, dass diese Ballade statt mit dem Mord an einem Tyrannen mit einer wunderbaren Freundschaft mit diesem enden würde und dass Schiller damit das echte Deutschtum zum Ausdruck bringt, fand er Gefallen daran. Die Schwierigkeit bestand nun darin, die antipathiegeladenen Klassenkameraden für die Besetzung der anderen Personen zu gewinnen.

Als unser zukünftiger Damon krank geworden war und ich die jungen Leute allein um mich hatte, entschloss ich mich zu einem gewagten Schritt: Ich erzählte ihnen von den Erlebnissen, die ich im Kindergarten hatte, als der jetzt Abwesende noch ein kleiner Junge war. Ich schilderte, wie Tränen der Rührung über seine dicken, roten Bäckchen liefen, als er mit der Kerze in der Hand ins Advents-Gärtlein ging, obwohl er sonst eher ein ruppiges Bürschlein war. Als ich dann eines Tages hörte, wie der Vater beim Abholen seines Sohnes lauthals verkündete, er würde den Jungen täglich vor den Fernseher setzen, damit er richtig abgehärtet und männlich werde, dass er ihm ein Gewehr unter das Bett lege, wenn er danach beim Einschlafen Angst habe. Ich erzählte den Schülern, dass ich mir in diesem Moment geschworen hatte, später einmal etwas für den Jungen zu tun, wenn ich die Gelegenheit hätte. Ich schloss mit der Frage, ob sie mir bei diesem Versuch helfen würden.

Ich spürte, dass das bei den Zwölftklässlern eingeschlagen hatte. In die große Stille hinein fragte einer ganz leise, was er denn von sich aus für eine Arbeit gewählt hätte? Als ich ihnen sein Vorhaben ebenso leise mitteilte, ging durch alle ein Erschauern und einer sagte nur: «Sch...» Nach einer Pause fragte ich zögernd: «Wollt ihr?», und es kam mir ein allgemeines mitfühlendes «Ja» entgegen. Ich glaube, die Schüler spürten, wie dankbar ich ihnen war.

Es wurde eine eindrucksvolle Aufführung. Nach der Gestaltung der Schlussworte des Tyrannen: «Ich sei, gewährt mir die Bitte, / In eurem Bunde der dritte», eurythmisierte die ganze Klasse als große Gruppenform den feierlichen Gruß des griechischen EVOE. Die von Rudolf Steiner angegebenen Gebärden dazu lassen die Urform aller Begegnungen erkennen: Bei der Kreuzung der Arme im E über dem Kopf gerät man bewusstseinsmäßig über sich hinaus, um dann mit der hingebenden V-Gebärde behutsam innerlich in sein Gegenüber einzutauchen. Die folgende O-Bewegung umschließt das Du des anderen im oberen Bereich, und die gekreuzten Arme, zur eigenen Mitte führend, in der E-Gebärde lassen einen das Einswerden und das Im-Herzen-Bewahrende spüren. Diese große Urgeste eines wahren Grußes im Begegnen können wir im Künstlerischen üben – in der Hoffnung, sie auch im «Ernst des Lebens» vielleicht anwenden zu können.

Diese Aufführung fand ein gutes halbes Jahr nach unserer aufregenden Reise statt. Und was war nicht alles in der Zwischenzeit passiert!

MITTELEUROPA IST OFFEN – ABER WOFÜR?

Kurz nachdem wir mit der zwölften Klasse aus der DDR zurückgekommen waren und das Kollegium wieder vereint in der Konferenz saß, wurde eine Lehrerin dringend ans Telefon gerufen. Kurz darauf erschien sie mit verklärten Gesichtszügen wieder, rang nach Worten, bis sie schließlich in die gespannt lauschende Lehrerrunde herauspresste: «Die Mauer ist gefallen!» Das war ein unfassbarer Augenblick. Nach einer Pause, die zum Begreifen des schier Unfassbaren nötig war, brach ein einzigartiger Jubel aus. Trotz der großen Freude, die auch mich gepackt hatte, fühlte ich im selben Moment die bange Frage: Sind wir eigentlich innerlich auf eine Vereinigung vorbereitet?

Es begann für uns alle ein ganz neues Lebensgefühl. Nie hatten wir für möglich gehalten, dass dieses Ereignis noch zu unseren Lebzeiten eintreten würde. In Göttingen, so nah am Ort des Geschehens, erfasste die Menschen eine rauschhafte Freude. Wir hatten Gelegenheit, in die hin und her wogenden Menschenströme einzutauchen, durch regennasse, aufgeweichte oder beschneite Felder die Grenze zu passieren und wurden auf der uns vorher unerreichbaren anderen Seite herzlich empfangen, sahen alte Frauen nach Jahrzehnten sich weinend umarmen und hörten Ausrufe wie: «Bist du es wirklich, Berta?»

Das waren erschütternde Erlebnisse. In Göttingen gingen manche Familien abends auf die Straße und luden Menschen «von drüben» ein, um diese zu verwöhnen und sich gegenseitig auszutauschen. Es war eine einzige Hochstimmung – man könnte sie auch ein umfassendes EVOE nennen –, es war etwas geschehen, was niemand für möglich gehalten hätte, ein Wunder …

Unsere Schule, nur dreizehn Kilometer von der ehemaligen Grenze entfernt, hatte in der folgenden Zeit häufig Besuch. Man wollte wissen, wie es zugeht, wenn Anthroposophie praktiziert wird. Ja, es kamen auch ganze Gruppen, selbst aus Sibirien, die von ihren Lehrerseminaren geschickt wurden, um Waldorfpädagogik kennenzulernen. Es war eine erfüllte Zeit. – Etwa fünf Jahre später kam auch einmal eine Gruppe aus Polen. Ich traf sie in unserer Mensa. Mit einer Germanistin aus Poznań (Posen) kam ich ins Gespräch. Sie hatte gerade eine kleine Schülerdarbietung in unserem Schulsaal mitverfolgt und wünschte sich, dass so etwas auch bei ihr zu Hause einmal zu sehen wäre. Ich entgegnete, dass die zwölfte Klasse gerade ein eurythmisches Märchen einstudiert. Sie war Professorin an der Universität in Poznań und wollte versuchen, uns zu einem Theaterfestival für internationale Jugendgruppen einzuladen.

Diese zwölfte Klasse, mit der ich mein letztes großes Schulabenteuer bestehen sollte, war wiederum von ganz anderer Art. Viele Schüler waren sehr mit sich selbst beschäftigt und einige Jungen brachten der Eurythmie völliges Unverständnis entgegen. Sie waren später in die Klasse hereingekommen und völlig eingenommen von der Welt der Elektronik sowohl auf dem Gebiet der Information als auch auf dem der «Musik». Andere hingegen wirkten stark aus der Tiefe eines reichen Erlebens und waren stille Stützen der Gemeinschaft, während die Mädchen vordergründig zu dominieren schienen und von großen Gefühlsschwankungen durchwogt wurden. Dieses Schiff brauchte einen guten Steuermann.

Etwa zwei Jahre nach dem Mauerfall war ein Mädchen aus Dresden in diese damals zehnte Klasse gekommen. Die Andersartigkeit des Verhaltens, ja auch die der üblichen Kleidung aus dem anderen Teil Deutschlands war Anlass zu einer verachten-

Grenzöffnung bei Göttingen.

den, tief verletzenden Einstellung ihr gegenüber, die sich besonders in den Eurythmie-Stunden in Form von echten Gemeinheiten offenbarte. Es war sicher eine meiner härtesten Prüfungen, die eigene Ohnmacht in diesen Situationen zu erleben. Erst ein Elternabend, zu dem die Mutter des Mädchens aus Dresden anreiste und der allgemein helles Entsetzen auslöste, brachte Besserung. – Als sich unser Sorgenkind zwei Jahre später überaus westlich zu benehmen und einzukleiden verstand, wurde es zum Liebling des weiblichen Teils der Klasse.

Wie kam es aber dazu, dass ich gerade mit dem Märchen von den *Sechs Schwänen* nach Polen reiste? Da muss ich von einem wahren Heldenstück innerhalb dieser Klassen-Biografie erzählen: Ein Mädchen war wegen seiner Drogenabhängigkeit in keinem Unterricht mehr tragbar, auch nicht beim Klassenschauspiel. (In der Waldorfschule ist es üblich, dass die Schüler am Ende ihrer

Schulzeit ein Drama eigener Wahl aufführen). Es hatte sich früher immer sehr schön eurythmisch bewegen können, nun war es albern oder lethargisch. Plötzlich hatte ich die Eingebung, als Eurythmie-Abschluss jenes Märchen vorzuschlagen, mit dem ich vor Jahrzehnten in der DDR heilende Erfahrungen machen konnte. Das siebte Kind, die Schwester der sechs Schwanenbrüder, bewirkt durch sein Schweigen die Erlösung, und das könnte vielleicht auch eine Art Erlösung für das Unglücksmädchen sein. In diesem Fall aber sprach ich als Erstes mit der übrigen Klasse.

Ich merkte, wie froh alle Schüler waren, dass etwas für ihre Mitschülerin geschehen sollte, und sie sahen ein, dass ohne ihre Hilfe das Vorhaben nicht gelingen konnte. Es war ein Kampf, gegen die Gleichgültigkeit und Bequemlichkeit anzukommen, die der Drogenkonsum bei ihr bewirkt hatte. Jeden Tag wollte sie erneut Bedenkzeit, bevor ich ihre zögerliche Zusage bekam. Doch die Freude der Klassenkameraden nach ihrem «Entschluss» gab ihr Mut. Die Klasse, welche bisher beliebte, ihren eigenen Launen nachzugeben, wartete nun bei den Proben ruhig, bis das Mädchen aufhörte, sich vor Lachen auf dem Boden zu kringeln, oder sich aus liegender Position von der Bank erhob. Wir warteten geduldig, bis sie wieder erreichbar war und sich ins Geschehen «einklinken» konnte. Langsam erwachten ihre Bewegungen wieder zu jener Innigkeit, die wir von früher bei ihr gewohnt waren, und die Anerkennung der Klasse stärkte sie. Bei der Schulaufführung waren vor allem die Lehrer tief gerührt. Manche von ihnen weinten, als das Mädchen beim Sternenblumensammeln ihre ganze Liebefähigkeit zeigte und ihr innerstes Wesen durch die Eurythmie wieder durchscheinen konnte.

Zur Aufführung des Märchens von den *Sechs Schwänen* ging es nun mit dem Bus nach Polen. Die Reise erschien uns endlos, ebenfalls die langwierige Abfertigung an der Grenze. Wir waren außerhalb von Poznań in einer Jugendherberge untergebracht.

Spät am Abend fuhren meine bewährten Helfer, unser Sprachgestalter, der Musiklehrer und ein Schüler, noch ins Theater, damit wir wussten, was uns dort erwartete. Das Theater war innen rundum kohlrabenschwarz gestrichen. Das Klavier musste gestimmt werden. Der Garderobenraum war mit Staub und Spinnweben bedeckt. Große Bretter einstiger Kulissen voller Splitter und Nägel, an denen wir unsere empfindlichen Kleider und Schleier aufhängen mussten, standen im Weg. Die mitgebrachten weißen Gazevorhänge und die farbigen Scheinwerfer wurden in «halsbrecherischer Akrobatik» mittels übereinandergetürmter Podeste befestigt. Unmittelbar vor dem Aufgang zur Bühne lag ein großes Blech zur Abdeckung einer tiefen Spalte im Fußboden. Trat man darauf, gab es ein donnerndes Geräusch von sich, deshalb konnte man die Bühne nur mit einem großen Sprung erreichen, um alsbald auf dieser absolut gelassen und ruhig zu erscheinen. Irgendeine ruckartige Bewegung hätte die Stimmung des Märchens ruiniert. Besonders schwierig war es für einen Schwan, der durch seine starke spastische Erkrankung ohnehin mit sich selbst genug zu tun hatte. Er wurde von seinen Schwanenbrüdern wie im Fluge getragen, so schien es mir.

Bei der Aufführung machte sich im Saal großes Erstaunen breit, denn der Sprecher tönte von hinten und bediente zusätzlich noch die Beleuchtung. Manche Schwäne oder Königskinder eilten hin und wieder zu ihren Musikinstrumenten, um ihre selbst komponierte Musik erklingen zu lassen, von allen sichtbar, da es keinen Platz hinter der Bühne gab. Obwohl ich vorher eine kleine Einführung in die Eurythmie gegeben hatte, staunte man offensichtlich auch über die Art von Bewegungen. Das tapfere und mühsame Rückwärtsgehen unseres Spastikers wurde bewundert und bei einem kleinen Stolpern ging ein leises, erschrockenes Stöhnen durch die Reihen. Ein wohlwollender Applaus war die Belohnung. Die Kindergartenkinder, die aus Platzmangel auf mitgebrachten Kissen vor der ersten Reihe auf dem Boden gesessen hatten, waren, als das Publikum dem Ausgang zustrebte, so beflügelt, dass sie sich wie ein Vogelschwarm erhoben und – ehe man sich versah – auf die Bühne geklettert waren. Und alle zogen sie nun als Schwäne ihre Kreise. Das freute besonders die Zwölftklässler.

Ein Treffen mit polnischen Jugendlichen war am nächsten Abend vorgesehen. Das Desinteresse unserer Schüler war von peinlichem Ausmaß. Kaum einer wollte sich mit seinen Gastgebern unterhalten und deren Musik fanden sie inakzeptabel. Auch das extra für sie entfachte Feuer in großartiger Natur schien sie nicht zu beeindrucken.

Anschließend kam durch meine nachlassende Elastizität ein Missverständnis zwischen den Schülern und mir auf, das ich nicht aufzulösen vermochte. Daran erkannte ich, dass alles seine Zeit hat. Es nahte das Ende meiner Arbeit an der Schule.

1996 in Poznań.

Künftig reiste ich zweimal jährlich nach Poznań zu praxisbezogenen Kursen und Seminaren sowohl in städtischen Einrichtungen als auch in Waldorfkindergärten. Auch Florian half der dortigen Waldorfinitiative. Wir haben dabei wunderbare Menschen kennengelernt.

Die Frage, wofür Mitteleuropa nun offen ist, wird weiterhin gestellt werden müssen. Aus der Erfahrung der beschriebenen Klassenreise könnte man vorsichtig formulieren: Noch durchdrungen von jugendlicher Frische zeigte sich dort das ganze Spektrum der Möglichkeiten in ihrer extremen Vielfalt. Was aus diesen Möglichkeiten entsteht, ist offen wie wohl nie zuvor. Diese Offenheit kann gefährlich sein, bringt aber eine verstärkte Sehnsucht nach Spiritualität mit sich, die sich in ihren verschiedensten Schattierungen ausdrückt.

Von äusseren und inneren Horizonterweiterungen

Die Suche nach Mitteleuropa auf meiner Lebensreise musste eine starke Anteilnahme an den Vorgängen nach der Wende auslösen. Welche Folgen haben die Ereignisse des Jahres 1989 für unsere Freunde östlich der ehemaligen Grenze? Was wird aus den Bestrebungen dieser Freunde auf anthroposophischem Gebiet in ihrer radikal verwandelten neuen Umgebung? Hält ihre innere Substanz den allzu westlichen Einflüssen stand und findet das bei ihnen Gewachsene einen fruchtbaren Boden? Oder wird manches Entwicklungsfähige über Bord geworfen? Auch hier spüren wir: Die Zukunft ist offen wie nie zuvor und wir sind nicht fähig, abschließend zu urteilen. Eine weitere Frage ist ebenso offen: Sind auch die inneren Mauern gefallen? Ist auch die innere Grenze zu einem werdenden Mitteleuropa offen? Oder gehört dazu noch mehr als nur Mauern einzureißen?

Schon für die im westlichen Teil Deutschlands Lebenden brachte die Öffnung des Eisernen Vorhangs ein neues Lebensgefühl. Aber wie viel einschneidender musste es für diejenigen im östlichen Teil Deutschlands gewesen sein, die nun plötzlich Bürger der «neuen Bundesländer» geworden waren? Sämtliche soziale Sicherungssysteme fielen weg, beispielsweise das Recht auf einen Arbeitsplatz oder die billige Grundversorgung mit Lebensmitteln und mit medizinischer Hilfe. Häuser, die die Menschen mühselig vor dem totalen Verfall gerettet hatten, gehörten oft von einem Tag auf den anderen den Kindern und Enkeln ihrer Vorbesitzer, die bereits seit Jahrzehnten im Westen lebten. Jetzt sollten die bisherigen Bewohner ohne eine

Entschädigung aus ihrem jahrzehntelang liebevoll gepflegten Zuhause weichen. Industrieanlagen wurden von westlichen Investoren übernommen oder abgerissen, Arbeiter verloren Lohn und Beschäftigung und das Gewinnstreben erstickte alles soziale Mitempfinden. Ein uns befreundeter Ingenieur musste den Abtransport noch intakter Maschinen organisieren, um alsdann entlassen zu werden. Wer diese Vorgänge vom Westen aus aufmerksam verfolgt hat, kann die ganze Brutalität des Kapitalismus wahrnehmen.

Mit diesen Veränderungen ging jedoch die Möglichkeit einher, frei seine geistigen Anliegen auszusprechen und zu realisieren. Das zarte Netz spiritueller Bemühungen, das während all der Jahre der Unterdrückung sorgsam gehütet und weitergeknüpft wurde, konnte nun aus der Verborgenheit treten – auch wenn damit die Möglichkeit der Zerreißproben wuchs. – Ein Ausgangspunkt für eine solche «Neuanknüpfung» wurde ein Haus in Dresden, dessen Erben es der Anthroposophischen Gesellschaft zukommen ließen. Wie erstaunt waren wir, als wir es näher untersuchten: Die ganze Villa war verkabelt und voller «Wanzen». Alle Leitungen liefen im Keller zusammen. Es war die Residenz Wladimir Putins, der in Dresden einige Jahre für den sowjetischen Geheimdienst KGB wirkte. Nun findet an derselben Stelle eine vielseitige geisteswissenschaftliche und therapeutische Arbeit statt. Wir können hoffen, dass mit dem Herausreißen der Kabel und dem Übertünchen der Wände auch der «kommunistische Geist» endgültig vertrieben wurde.

Wir vergessen meist, dass sich für uns im Westen durch den Wegfall der Grenze äußerlich kaum etwas verändert hat – ganz im Gegensatz zu unseren «Brüdern im Osten». Noch weniger verdeutlichen wir uns die großen Umstellungen für die Menschen in den weiter von uns entfernten Gebieten des Ostens, beispielsweise in Russland. Menschen aus anderen Ostblockstaaten, die sich im Verborgenen um die Entwicklung der Anthroposophie in ihrem Lande bemühten, konnten die DDR wie einen Hort der Freiheit empfinden – falls sie überhaupt dorthin gelangten.

Was aber den anderen Ostblockländern fehlte, war der Vergleich mit einem «reichen Bruder». Mit Schrecken nahm ich wahr, mit welcher Geschwindigkeit die Anerkennung der großen Tat jener «friedlichen Revolution» und wie schnell das Interesse an den Erlebnissen der Menschen während der langen Jahre unter Zwangsherrschaft geschwunden war. Ebenfalls verlor der «reiche Bruder» das Bewusstsein vom Schicksal Mitteleuropas, nachdem die Mauer als gesamtdeutsches Problem nicht mehr existierte. Damit war die Chance des zukunftsdienlichen Aufgreifens eines mitteleuropäischen Impulses im Großen verspielt. Nur vereinzelt entstanden wache, mutige Initiativen, unter anderem die der Waldorfschulen.

In dieser Situation während der Neunzigerjahre stießen wir zu unserer großen Freude auf Gleichgesinnte hüben wie drüben. Mithilfe des organisatorischen Einsatzes eines jungen Freundes aus dem Osten veranstaltete die sich neu bildende Gruppe an verschiedenen Orten der ehemaligen DDR über mehrere Jahre hinweg Wochenend-Treffen. Sie wurden zu Orten des Austauschs, des gemeinsamen Übens und künstlerischen Betätigens: Keime einer neuartigen Verständigung. Der unauffällige, spirituelle Mittelpunkt dieser Treffen war Johannes Emanuel Zeylmans van Emmichoven. Trotz Florians flammenden Aufrufen mündlicher wie schriftlicher Art blieb unsere eifrige Truppe klein, doch entstand so etwas wie eine zarte Brückenbildung, ein Weg zu einer auf neue Weise zu erlebenden Sprache vor der Sprachverwirrung. Diese Unternehmung konnte nur keimhaft bleiben in der uns alle umgebenden Fremdheit, die unsere Zivilisation durchzieht, die aber am Erlebnis der ehemaligen DDR bewusster werden konnte.

Wenn wir Anteil nehmend alle unsere Sinne öffnen, spüren wir noch überall – trotz westlicher Übertünchung – die Gespenster des «kommunistischen Geistes» in ganz Osteuropa. Wir wandern in der schönsten Natur – sie sind da. Wir besuchen die gründlich renovierten Schlösser, Museen und Kirchen – aber sie sind da. Wir fahren mit dem Dampfer auf der Elbe oder paddeln auf den mecklenburgischen Seen – auch hier sind sie noch zu spüren. Es scheint sich eine unendliche Öde über die wunderbare Natur ausgebreitet zu haben, zu deren Schönheit man nur aus der Erinnerung heraus oder mit äußerster Hingabe durchstößt. Die Natur wird vom Menschen alleingelassen – der Mensch wird von ihr alleingelassen, sie ernährt ihn nicht mehr ohne Weiteres. Eine gegenseitige Entfremdung greift um sich. – Ist diese allgemeine Entfremdung das Charakteristische unserer Zeit?

Was ebenso untrennbar – und seit dem letzten Jahrhundert umso tiefer – mit dem Schicksal Mitteleuropas verknüpft ist, sind die Exzesse der Unmenschlichkeit. Ein Besuch in Auschwitz führt in Abgründe. In einer Veröffentlichung meines innig geschätzten Waldorflehrers Johannes Tautz, *Der Eingriff des Widersachers. Fragen zum okkulten Aspekt des Nationalsozialismus*,[18] stehen die Sätze: «Das Böse wurde zur Banalität, zur alltäglichen Erscheinung. Dadurch sind Schicksalskonsequenzen zwischen Deutschen und Juden eingetreten, deren welthistorische Ausmaße erst zu dämmern beginnen. Die Frage taucht wieder auf: Wer ist der eigentliche Urheber, die wahre Triebkraft dieses ungeheuerlichen Geschehens? Wer trägt letztlich die Verantwortung für das, was im Namen des Deutschtums geschehen ist?»
Diese Frage ist es, die meine Lebenswege auf der Suche nach dem geistigen Mitteleuropa durchzieht und im Zusammenhang mit einer Reise nach Israel etwas konkretere Formen annahm.
Wenn wir in einem Land wie in Griechenland umherreisen, so sind die Orte alter Heiligtümer abgetrennt vom Strom des gegenwärtigen Lebens. Wir fühlen uns beispielsweise in Delphi erhoben und bei näherer Beschäftigung aufgenommen in einen

erhabenen Vorgang, der uns durchatmet. Die Mehrzahl der Griechen würde diese antiken Stätten nicht einmal beachten, wenn nicht ausländische Besucher zu ihnen hinströmten. Selbst nichtssagende Nachbildungen traditioneller Kirchenbauten werden für die religiöse Praxis den alten Klöstern und Kirchlein, wie sie in den Gebirgen und Dörfern haufenweise zu finden sind, vorgezogen und den Darstellungen der Heiligen, der Evangelisten und aller Hierarchien der Engelreiche auf den zerfallenden Wänden wird kaum Beachtung geschenkt. In der Bevölkerung ist nur wenig Bewusstsein von ihren alten vor- und nachchristlichen Kulturen vorhanden.

Nicht so im alten Palästina und im neuen Israel. An jeder Stelle des Landes geschieht seit mindestens 3000 Jahren bis in die jüngste Vergangenheit unfassbar Schreckliches oder unfassbar Wunderbares, das die heutige Bevölkerung immer noch zutiefst betroffen macht, teils bis aufs «Blut» – auch im Sinne des Erbstroms. Besondere Orte älterer und neuerer Geschichte sind nicht nur auf der Landkarte, sondern auch im Bewusstsein der Menschen, die da leben, gegenwärtig und durch deren verschiedene Sichtweisen mit den unterschiedlichsten Emotionen verbunden.

Wir kommen in Tel Aviv an. Diese Stadt ist der Stolz der meisten Israelis, aber nicht so beglückend für jene, die noch vor wenigen Jahrzehnten dort Zitrusfrüchte geerntet haben und erst recht nicht für die Palästinenser, deren Vorfahren auf diesem Boden gelebt und dort ihre Ölbäume gepflegt haben.

In Akko versuche ich mir zu verdeutlichen, mit welch unterschiedlichen Empfindungen ich als Christin der imposanten Moschee begegne und mit welchen der ungeheuren Anlage der Kreuzritter, von denen viele voller heiliger Ideale für das Christentum ausgezogen waren und deren eindrucksvolle Gotik vor Kurzem noch unter Schutt begraben war. Was aber bedeuteten die Kreuzzüge für die Juden und was für die Moslems? Sehen wir hier die Stein gewordenen Erinnerungen an die von Christen angerichteten Blutbäder? Können die Auffassungen von Recht und Unrecht größer sein als hier? Letzteres sagt sich mein Verstand. Aber was empfindet mein Herz? – Und was empfand es, als wir in den Ort Safed gelangten, in dem ich eine Ahnung von Kabbalistik vermittelt bekam? Ein Rabbi in einer kleinen Synagoge, die wie ein Mittelding zwischen Laden, Wohnzimmer und Versammlungsraum anmutet, erklärt uns, dass die Weisheit des Schöpfungsgeschehens im Geheimnis der Zahlen verborgen liegt. Ich fühle mich davon sehr angesprochen. Befremdliche Gefühle lösen dagegen die vielen Schüler der Kabbalistik mit ihren blässlichen Gesichtern in mir aus, die in den bergigen Gässchen zu sehen sind, ebenso die jungen Frauen in engen, schwarzen, langen Röcken und die Jünglinge mit schwarzem Anzug, schwarzen Hüten oder Käppchen, rechts und links mit je einem langen Löckchen. Die Menschen dort leben in enger Gemeinschaft. Gleich daneben die Künstlergässchen der Individualisten. Wir werden munter: Da sitzt doch tatsächlich ein deutsch sprechender Künstler mit dekorativem Bart vor seinem Laden, der uns im Laufe des Gesprächs erzählt, wie glücklich er darüber ist, dass seine Tochter in Hannover in der Waldorfschule war. Er weint, als er durch uns von vielen gemeinsamen Bekannten erfährt. Wir sind betroffen.

Auf ganz andere Weise sind wir von der geistigen Atmosphäre um den See Genezareth betroffen, ja berührt. Ein Zwiespalt tut sich auf zwischen den inneren Erlebnissen, die man im Herzen trägt, zwischen dem, was vor 2000 Jahren hier geschehen ist und dem, was man heute mit seinen Augen sieht. Ein anderer Zwiespalt öffnet sich zwischen dem Frieden der Landschaft und den inneren Bildern von der Vertreibung der Palästinenser aus diesem Gebiet vor etwa 60 Jahren, dem unsäglichen Leid, das sich hier abspielte, sowie der Gefahr durch Geschosse, die jederzeit von den Golanhöhen hier niedergehen können. Unter wie

See Genezareth.

vielen Gesichtspunkten kann diese Landschaft erlebt werden? Mit allem fühlt man sich verwandt, hat man doch auch Ähnliches durchlebt, Inneres wie Äußeres.

Neue Polaritäten tun sich auf: zwischen der üppigen Fruchtbarkeit Jerichos und dem Toten Meer, dem tiefsten Punkt der Erde, an der Mündung des Jordan. Das ist ungeheuer! Man schaut zu den höchsten Felsen und macht sich klar: In dieser Höhe ist wenig entfernt der Weltmeeresspiegel und ich bin hier tief unten! – Und immer ist man in diese Gegensätze eingebunden. So auch bei den Polaritäten der Geschehnisse von Qumran und von Masada, den beiden Orten hoch in den Berghängen der Wüste, in denen das jüdische Volk durch vergegenwärtigte Erinnerungen gleichsam verwurzelt ist. In Qumran, dem Fundort der Schriftrollen des Alten Testaments, fand man die Lebensspuren der Menschen, die in ihren Ritualen das Kommen des Messias vorbereiteten. In die gewaltige Festung von Masada flüchteten die Juden vor der Übermacht der Römer und zogen es 74 nach Christus vor, ihr Leben zu opfern, um nicht in die Hände der Feinde zu fallen.

Mein innerer Tiefpunkt der Reise war Hebron auf palästinensischem Gebiet. Aus ihrer jahrtausendealten Tradition leiten jüdische Siedler ein besonderes Recht auf dieses Land ab. Für manche ist das Inbesitznehmen Palästinas die Erfüllung ihres Glaubens. Gegensätze bildeten hier die militärisch bewachten, schmucken Häusern der jüdischen Siedler mit herrlichen Vorgärten und die staubigen Straßen ohne jegliches Grün, gesäumt von provisorischen Behausungen der Palästinenser, wo es ebenfalls von schwer bewaffnetem Militär wimmelte – in der Nacht zuvor hatten heftige Schusswechsel stattgefunden. In dieser Stadt liegen die gemeinsamen Urväter begraben, sowohl die der Juden als auch der Moslems. Die Juden nutzen vom festungsartigen Bauwerk der Machpela, das mehrfach zur Kirche und wieder zur Moschee umgewandelt wurde, heute nur einen abgetrennten Teil.

Unter militärischem Schutz erstiegen wir die steile Treppe zum Eingang, auf der eine zweimalige gründliche Kontrolle der Taschen vorgenommen wurde. Dann ging es hinein in das schauerliche Gemäuer. Durch verstaubte, von Spinnweben durchzogene Eisengitter konnte man tief unten im Dunkel steinerne Sarkophage erkennen: Abraham und Sara? Isaak und Rebekka? Jakob und Lea? Wer weiß es? – Dann kamen wir zu dem hinter weißlichen Leinwänden verborgenen Gebetsraum der Juden. Durch eine Öffnung sahen wir sie betend lesen. Plötzlich fuhren wir zusammen: Mittendrin ein revoltierendes Schreien, untermalt von Rasseln und Klappern. Nach etwa einer Minute wurde die Lesung unter fortwährendem Verbeugen und schaukelnden Bewegungen des Oberkörpers fortgesetzt. Plötzlich wieder diese schrecklichen Ausbrüche, und so ging es weiter. Wir erfuhren, dass das Purimfest mit dem Text aus dem Buch Esther zelebriert wurde. Darin wird die Rettung der Juden während des babylonischen Exils vor der Vernichtung durch den königlichen Ratgeber Haman berichtet. Nachdem Mardochai, der jüdischer Abstammung ist und bei König Xerxes hohes Ansehen genießt, Haman die abverlangte Ehrenbezeugung verweigert, erwirkt dieser die königliche Erlaubnis zur Ausrottung sämtlicher Juden im gesamten persischen Reich. Esther, die Lieblingsfrau des Königs, gibt sich daraufhin unter Lebensgefahr als Jüdin zu erkennen und entdeckt Xerxes die Bosheit seines Ratgebers. Haman endet schließlich am selben Galgen, den er für Mardochai errichtet hat, und die Feinde der Juden werden von diesen vernichtet.

In dieser Geschichte sehen die Juden den Versuch eines Pogroms, das mutig verhindert werden konnte. Immer wenn beim Lesen des Buchs Esther der Name Haman ertönt, bricht ein fanatisches Geschrei aus, das bis tief ins Gebein erschüttert. Einge-

Palästinensische Bevölkerung und israelisches Militär in Hebron.

taucht in die kollektive Erinnerung des jüdischen Volkes führt das Hineinsteigern in eine Pseudoleidenschaft zusammen mit einer Gebetspraxis des schaukelnden aus sich selbst Herauslösens in einen mystischen Dämmerzustand. Kalt und grauenhaft erlebt man dabei die Aussichtslosigkeit jeglicher Friedensbemühung. Es erschien mir als das dunkelste Bild alles Stehengebliebenen, aller Verkettung in Emotionen, aller Dumpfheit des Bewusstseins unter dem Deckmantel der Religiosität. Und mit Schaudern meinte ich ansichtig zu sein der letzten Konsequenz all dessen, was sich nicht in ein Werdendes begeben will, was sich sträubt gegen Entwicklung im weitesten Sinne. Und der ganze Jammer der Welt umklammerte mich, hart, unerbittlich. Dass das jüdische Volk in die tiefste Tragik unseres Erdenseins hineingestoßen ist und dadurch für uns der Stachel unseres Gewissens bedeuten kann, wurde mir in Hebron zur Erfahrung.

Emil Bock sieht im Namen Mardochai einen Hinweis auf den Zusammenhang mit dem Sonnengenius Marduk (Michael).[19] Durch den Mut zur Wahrheit, den Esther bewies, wird das jüdische Volk wieder in Zusammenhang gebracht mit seinem Führergeist Michael. Es tritt dabei das leuchtende Gegenbild des Erlebnisses von Hebron in Erscheinung: der Durchbruch zur Weiterentwicklung. – Auch hier in Mitteleuropa sollten wir vor Kurzem gefesselt werden durch ein atavistisches Volkstum, geknebelt durch fanatischen Nationalismus und den Glauben, ein «auserwähltes Volk» zu sein, in Dumpfheit gestoßen durch monotone Rituale bis zur Katastrophe, die wieder Platz für unsere Bestimmung schaffen konnte. Zeigt sich auch hier eine Verknüpfung der Schicksale von Deutschen und Juden? Besonders tief ergreift mich diese Verknüpfung, wenn ich mir vergegenwärtige, wie stark zumal in Berlin sich vor der NS-Zeit jüdische Künstler, Wissenschaftler und Politiker mit dem deutschen Geistesleben verbunden, ja identifiziert hatten und als freie Individuen einen Teil des deutschen Kulturlebens ausmachten.

Auf dem Ölberg: Zwischen uralten Bäumen öffnet sich der Blick auf Tempelberg und Felsendom.

«Jerusalem, du Stadt der Überraschungen, der Überwältigungen, der Überfüllungen, der Überhöhungen, wer kann dich beschreiben?» In keinem meiner Reisetagebücher habe ich im Anblick einer Stadt eine direkte Anrede gebraucht, nur hier. Zum Schluss der Erlebnisse heißt es: «Jerusalem, du voller Völker und Religionen, voller Hinreißendem und Abstoßendem, voller Licht und Finsternis, voller Hitze und Kälte, voller Leben und Erstorbenem. Du Erstaunliche!» Rückblickend möchte ich die Anrede erweitern in: «Du Stadt der Sehnsüchte, der unerfüllten Hoffnungen, der Leib gewordenen Illusionen! Wer kann deinen Schmerz beschreiben?» – In jedem Menschen ist mehr oder weniger deutlich die Sehnsucht nach dem unsichtbaren «Neuen Jerusalem», einer neuen Durchsichtigkeit auf Erden, der Spiegelung der Himmelssphären mit all ihren Klängen und Farben.

Der goldglänzende Felsendom prangt, innen wie außen, gleich einem zum Bauwerk gewordene Märchen aus Tausend und eine Nacht. Sind seine kostbaren ausgeschmückten Nischen, in denen Gebete verrichtet werden, Ausdruck für die Sehnsucht der Moslems nach dem Paradies? Nebenan steht die Al-Aqsa-Moschee, ein siebenschiffiger Riesenraum mit farbigen Glasfenstern, in dem sich wahre Menschenmassen Schulter an Schulter, am Boden kniend, Allah zuwenden. Ab elf Uhr ist es keinem «Ungläubigen» mehr gestattet, den Tempelberg zu betreten. Also heißt es, schnell zu verschwinden. Durch einen Torbogen sehen wir in der Ferne die russische Maria-Magdalena-Kirche nahe Gethsemane.

Uns nun wieder abwärts wendend werden wir der unter dem Tempelberg verlaufenden tunnelähnlichen Gänge gewahr. Ein Ruck durchfuhr mich und alles sinnlich Wahrnehmbare wurde zur Metapher meines Inneren, alles Äußere wurde zum Teil von mir selbst. Und es schien mir, als ob sich der Berg auf lauter Höhlen erheben würde. Überall Kontrollen, Verbote, Abgrenzungen. Und dann die Klagemauer, das tragischste Bild der immerwährenden, unerfüllten Hoffnung, es möge dort oben wieder einmal ein neuer Tempel erstehen oder es möge sich das goldene Tor öffnen. – Alle kennen wir unsere eigenen unterirdischen Dunkelheiten, in denen man sich verirren kann, in denen man auf Kontrollen, Verbote, Abgrenzungen stößt, weil wir kein Licht hineinbringen können. Und stehen wir nicht oft genug vor einer Mauer und stoßen unsere Köpfe dagegen und dennoch öffnet sich kein Tor?

Das Wesen des Menschen schien sich völlig nach außen gestülpt zu haben, hinein in die Materie. Wer möchte nicht im Innern seines Wesens eine wertvolle Nische besitzen, um sein Gebet zu verrichten, oder im Mittelpunkt der Welt in einem großen, farbigen Raum sich gemeinsam mit anderen Menschen Geistigem zuwenden? Der Anblick der russisch-orthodoxen Magdalenen-Kirche durch einen Torbogen berührte mich wie ein Schmerz. Reicht meine spirituelle Kraft als Mensch mit heutigem Bewusstsein, die Hingabefähigkeit der Maria Magdalena in mir zu entwickeln?

Dreimal lässt Goethe in seinem *Märchen von der grünen Schlange und der schönen Lilie* das Wort ertönen: «Es ist an der Zeit!», bevor der Tempel aufsteigt. Der nach Erfüllung strebende Jüngling geht durch Einsamkeit, Entfremdung, Erstarrung, bis die Vereinigung mit der schönen Lilie geschehen kann und zugleich der oberirdische Tempel erscheint. Auch in Europa sind wir bei all den Phänomenen der Entfremdung vom Menschsein auf einen inneren Tempelbau angewiesen. – Und wie erging es vormals den Juden in ihrer Heimatlosigkeit, der Diaspora? Waren sie nicht auch auf ihr Inneres angewiesen? Jäh durchfuhr mich beim Anblick der Klagemauer die Frage, wie viele Juden während des Holocaust in ihrer Verzweiflung wohl in dieses innere Refugium geflohen sind.

Wir nehmen das Erlebnis von Yad Vashem tief in unser Herz. Hier wird es zur Schicksalsfrage: *Wie* gedenken wir der Verstorbenen? Und können die vielen Bäume, die im Gedenken an die Helfer in der Not rund um Yad Vashem gepflanzt sind, nicht Zeichen erster Keime zur Versöhnung sein? Kommt nicht alles auf individuelle Taten an, sowohl auf die der Helfer als auch auf die Taten jener, die ihrer dankbar gedenken?

Unser «christliches Herz» hingegen erschauert beim Erlebnis der Grabeskirche. Dass wir diese betreten hätten, kann man so nicht sagen. Es war eher ein Drängeln, Schieben und Warten. Durch koptische und armenische, kleinere dunkle, aber ausgemalte oder mit Mosaiken versehene Kirchenräume kamen wir in einen hellen Innenhof. Alsdann wurden wir in ein hohes, von den Kreuzrittern erbautes Gewölbe geleitet. Verschiedene Konfessionen der Christenheit erheben Anspruch auf einen Teil der Grabeskirche. Jahrhundertelang dauert dieser unchristliche

Kampf nun schon an. Muslimische Ordnungshüter mit rotem Fez regeln wie schon in osmanischer Zeit Prozessionen und Pilgerzüge. Mit wehrhaften Stöcken, mit denen sie kräftig auf den Steinboden klopfen, ordnen sie mit zackigen Gebärden bei andauernder Orgelmusik den Verkehr der vorösterlichen Besucherströme und schaffen energisch Raum für die Repräsentanten verschiedener christlicher Konfessionen und ihren Pilgern auf dem Weg zum Heiligen Grab. Dicht gedrängt eroberten wir uns einen Platz auf der Treppe zur Balustrade.

Das Klopfzeichen erschallt und singend ziehen nun die Franziskaner ein. Wieder das dröhnende Klopfen, und die Kopten erscheinen, anschließend die Armenier. Alle haben eindrucksvolle Kopfbedeckungen, was aber die Griechisch-Orthodoxen an Wirkung mit ihrer prunkvoll-dekorativen Erscheinung erzielen, stellt alles Bisherige in den Schatten. So geht es noch lange fort. Die herrlichsten Banner und Kerzen werden überaus feierlich

Dächer und Kuppeln der Grabeskirche.

vorangetragen, Glöckchen erschallen und zwischendurch werden auch Worte gesprochen. Und immer wieder das aufschreckende Klopfen. In diesen vielen Zügen sieht man fast nur Männer. Bei nur wenigen folgen auch ein paar gläubige Frauen in schlichter Kleidung.

Nach Stunden kamen auch wir zum vermeintlichen Grab, das überhäuft mit kitschigem Zierrat mich ziemlich trostlos stimmte, unseren einfühlsamen Reiseleiter in all das Getümmel hinein mit ausgebreiteten Armen und strahlenden Augen ausrufen ließ: «Wenn ich Christ wäre, ich würde bei diesem Anblick sagen: Christus ist doch auferstanden!» Ob er wusste, wie recht er hatte? Das vermeintliche Grab ist mehr als leer! Gibt es eine gewaltigere Illusion? Es mögen so manche innig empfindende Herzen unter den Kutten, den würdigen Gewändern, den monströsen Ornaten geschlagen haben. Trotzdem überwältigte mich der Eindruck einer riesenhaften Scheinwelt und zugleich die Frage: Wann ist eigentlich die Öde so übermächtig, dass es in innerer Not sehnsuchtsvoll warm werden kann bei den Worten: «Selig sind die Bettler um Geist, in sich selber finden sie das Reich der Himmel»?

Israel scheint das ganze Potenzial an Konflikten der Erde in seinem kleinen Land zu beherbergen. Und Jerusalem erschien mir als nochmaliges Konzentrat dieses Landes der Gegensätze von Uraltem und Supermodernem, von strahlenden Herrlichkeiten und finstersten Hässlichkeiten, von Grenzenlosem und Begrenztheiten, von Tiefen der Erde und Höhen des Himmels – und alles sind innere Qualitäten, die, wie sonst wohl nirgends, sich den äußeren Sinnen erschließen. Aber nicht nur das – es sind dieselben Qualitäten, die in uns selbst zu finden sind. Da möchte ich mich mit Rainer Maria Rilke zum Engel wenden:

*Mit einem Neigen seiner Stirne weist
er weit von sich, was einschränkt und verpflichtet;
denn durch sein Herz geht riesig aufgerichtet
das ewig Kommende das kreist.*

*Die tiefen Himmel stehn ihm voll Gestalten,
und jede kann ihm rufen: komm, erkenn –.
Gieb seinen leichten Händen nichts zu halten
aus deinem Lastenden. Sie kämen denn*

*bei Nacht zu dir, dich ringender zu prüfen,
und gingen wie Erzürnte durch das Haus
und griffen dich, als ob sie dich erschüfen
und brächen dich aus deiner Form heraus.*

Ja, ringender möchte man geprüft werden, aus seiner Form herausgebrochen einer neuen Erschaffung entgegen. Wie tief ist doch das alte und das neue, «himmlische» Jerusalem mit einem verknüpft. Ist es die verinnerlichende Kraft der Erinnerung, ohne die wir weder die Fähigkeit zum Denken noch zum Begreifen unseres Schicksals hätten, die allseitig für die Zukunft gesteigert werden möge? Gilt es diese Kraft, die in der Menschheitsentwicklung erstmals bei den alten Hebräern als Fähigkeit des Reflektieren-Könnens hervortrat und dann gepflegt wurde, nun zu einem geistesgegenwärtigen Denken und einer sinnhaften Schicksalserkenntnis für den Weg zum «Neuen Jerusalem» auszubilden? In veräußerlichter Form und ohne Seelentraining bricht die Sehnsucht nach einer gesteigerten Erinnerungskraft in Form der Computerwelt und ihrer Datenbänke in die Menschheit ein. Daran lesen wir das Zeitgemäße ab, aber auch die heutige Entscheidungssituation.

Jahre später, als uns im Sommer 2006 der Krieg zwischen der Hisbollah und Israel auf libanesischem Boden erschütterte, konnte man dieses Ereignis wieder als Weckruf für Europa erleben. Der Rassismus, der in Europas Mitte vor mehreren Jahrzehnten gewütet hatte, war Anlass zur Staatenbildung Israels. Dass dies von seiner arabischen Umgebung nicht anerkannt werden konnte, führte im gegenseitigen Aufbegehren wegen erlittener Grausamkeiten in heillose Verstrickungen. Wir erleben hier auf Völkerebene, was wir im privaten Bereich allenthalben bitter erfahren müssen: wie ein gegenseitiges Nicht-Anerkennen unweigerlich zu Katastrophen führt.

Das Vorgehen bei der damals einsetzenden Besitzergreifung ihres «heiligen Landes» durch die Juden wird von einem jüdischen Wissenschaftler, Ilan Pappe, «die ethnische Säuberung Palästinas»[20] genannt und detailliert durch Dokumente aus israelischen Archiven belegt. Sein Buch lässt uns, innerlich erbebend, die Frage stellen: War das militärische Vorgehen Israels gegen die Palästinenser wirklich defensiv oder doch offensiv ausgerichtet? Mit der Kraft der biblischen Ursprache des Hebräischen, die als Kultsprache überlebte und nun wieder als Alltagssprache dient, wurde die jüdische Jugend zur Urbarmachung der Erde und zum militärischen Einsatz aufgerufen. Das befeuernde Ganzheitsgefühl von Religion, Staat, Volk und Land ermöglichte den erstaunlichen Aufschwung aus der Diaspora heraus nach der Entwürdigung, nach den Grausamkeiten, die in Mitteleuropa alles überstiegen, was die Juden in ihrer Geschichte jemals erleiden mussten.

Von glaubwürdigen Zeitzeugen wissen wir, dass in Palästina die seit Jahrhunderten dort lebenden, ihre Ölbäume kultivierenden Menschen vertrieben, zusammengepfercht und gedemütigt wurden und leider oft noch Schlimmeres erfahren mussten. Das Erschweren oder gar das Verunmöglichen universitärer Bildung verursachte schwerwiegende Folgen.[21] Dies alles musste notwendigerweise den Hass der gesamten arabischen Welt schüren, der letztendlich zu den uns alle erschreckenden Kriegen führte. Die Mauern zwischen dem Staat Israel und den palästinensischen Autonomiegebieten, die inzwischen auf zehn Meter Höhe angewachsen sind, erweitern das israelische Gebiet und erzeugen qualvolle Lebensbedingungen.[22]

Das Leben der Israelis hingegen in Angst und Unsicherheit sowie die Erziehung zu Gewalt und Misstrauen während eines dreijährigen Militärdienstes haben zu seelischen Verwundungen geführt. Dan Bar-On, Professor für Psychologie an der Ben-Gurion-Universität in Beer Sheva, spricht von einer «therapiebedürftigen Generation» der letzten vierzig Jahre.

Dieser Konflikt im Nahen Osten ist auch eine Folge der geistigen Entleerung Mitteleuropas. «Das eben ist der Fluch der bösen Tat, dass sie, fortzeugend, immer Böses muss gebären.» Die Worte, die Schiller seinem Octavio Piccolomini in den Mund legte, bewahrheiten sich auch hier, und wir erleben, wie dieser Fluch lawinenartig aus dem antiquierten, dumpfen Rassenbewusstsein eines pervertierten Deutschtums entsprungen ist. Wir können das jüdische Schicksal nicht vom deutschen trennen vor dem Hintergrund historischer Schuld. Das gesamt-menschheitliche Stadium geistig-metaphysischer Heimatlosigkeit – mit oder ohne eigenen Staat – muss dort mit seltener Intensität und tragischer Modernität durchlebt werden.[23]

Um eine Ahnung von der schweren Aufgabe im Nahen Osten zu bekommen, müssen wir uns hier in Deutschland fragen, inwieweit *wir* nach so vielen Jahren der staatlichen Vereinigung wirklich eine Verständigung erlangt haben und ob wir mehr als sechzig Jahre nach dem Ende des Zweiten Weltkriegs als Bürger eines vereinten Europa nationalistische und damit «stammesegoistische» Impulse tatsächlich überwunden haben. Wie viel Gebundenheiten mögen unbemerkt in jedem von uns stecken?

Als ich mich in die Verstrickungen nach dem vergangenen Libanonkrieg hineinversetzte, traf ich die Tochter des einzigen Überlebenden einer großen jüdischen Familie, die jetzt in Amerika lebt. Ihr Vater war Zeit seines Lebens traumatisiert. Erst kurz vor seinem Tod hat er gegenüber seiner Tochter über die Qualen in Buchenwald sprechen können. Auf der gesamten Familie lastete das Unaussprechliche wie ein Albtraum. Ich war darüber erschüttert, obwohl ich mich mein ganzes Leben mit dieser Schuldfrage beschäftigt hatte, nicht tiefer über diese weitreichenden Folgen des Holocaust nachgedacht zu haben. Auch wenn ich schon manches in dieser Beziehung aus Israel gehört hatte, war dieses Problem noch nicht wirklich in mich eingedrungen. Diesem nachgehend trifft man auf so viel unfassbares Leid, das sich nun auf verschiedenste Weise durch die Generationen fortpflanzt – auch bei den Palästinensern.

Was im Nahen Osten heute auf unterschiedlichen inneren und äußeren Schauplätzen stattfindet, ist ein Konflikt, der von Europa nach Palästina verlagert wurde, weil Europa ihm nicht gewachsen war – damals wie heute. Es ist ein mitteleuropäischer Konflikt, Ergebnis einer nicht bewältigten und bis heute verdrängten Auseinandersetzung mit dem Ende des 19. Jahrhunderts verstärkt aufkommenden Nationalismus, Antisemitismus und dessen Reaktion, dem Zionismus. Wir sehen in all dem eine einzige, zusammengehörige, dunkle Macht, die in unsere Entwicklung als das Gegenbild des wahren Menschseins hereinbricht. Im Anblick dieser drei unheilvollen Strömungen, die das wahrhaft menschliche verfinsterten, ja auslöschten, schrieb Rudolf Steiner 1898: «Und auf das Ziehen intimer Fäden von Jude zu Nichtjude, auf das Entstehen gefühlsmäßiger Neigungen, auf tausend unaussprechliche Dinge, nur nicht auf vernünftige [im Sinne von ‹ausgedachten›] Auseinandersetzungen und Programme kommt es bei der sogenannten Judenfrage an. Es wäre das Beste, wenn in dieser Sache so wenig wie möglich geredet würde. Nur auf die gegenseitige Wirkung der Individuen sollte der Wert gelegt werden.» Und zuvor: «Einen Sieg über die menschliche Natur möchte ich fast eine solche Neigung nennen.»[24]

Mit engagierter Anteilnahme können wir die intensive Sehnsucht nach Frieden unter Israelis und Palästinensern als eine aus Not geborene, tief menschliche Regung mitempfinden. Die erforderliche Kraft des Einfühlens in die Leiden des anderen als Voraussetzung des Verzeihens kann einen Prozess in Gang setzen, der tiefgreifend eine Befreiung des Individuums von allen Umhüllungen wie Zugehörigkeit zu einem Volk oder einer Religion bewirkt. Nirgendwo auf der Welt, so scheint es, wird so existenziell und bewusst um einen Frieden gerungen wie dort. Es ist, als ob «die Hände des Engels bei Nacht» in das Haus hereingebeten würden, um ein neues Menschsein zu erschaffen, indem sie alte Formen aufbrechen. Wir können dieses Ringen um Frieden als eine gewaltige Prüfung wahrnehmen – und selbst hoffen, der Schicksalsverknüpfung von Juden und Deutschen durch Anteilnahme allmählich auf die Spur zu kommen.

Wie glücklich bin ich, auf der Suche nach dem «inneren» Mitteleuropa in Israel lebendige Zeichen unseres wahren Zeitgeistes aufgespürt zu haben. Es sind zum Beispiel die vielen Waldorfinitiativen und besonders ein Waldorf-Kindergarten östlich von Haifa,[25] der als Erster arabisch-muslimische wie auch jüdische und christliche Kinder in seiner Obhut hat. Bald soll sogar eine arabische Schule entstehen. Meine besten Gedanken gelten diesen Initiativen, weiß ich doch nur zu gut, wie es gerade heute auf die Pflege der Kindheitskräfte im ersten Jahrsiebt und der ganzheitlichen Bildung in den darauffolgenden Jahren ankommt, wie in diesen Jahren die Samen für Frieden gelegt werden können – Shalom!

Friedensfeier nannte Friedrich Hölderlin eines seiner letzten großen, prophetischen Gedichte, das vollständig erst nach dem

Zweiten Weltkrieg, 1954, ans Tageslicht kam und mit dem ich mich in der Mitte meines Lebens intensiv beschäftigt und um eine künstlerisch-eurythmische Gestaltung gerungen habe. Am Anfang dieses gewaltigen Werkes werden unsere Seelen auf mannigfaltige Weise in die Bereiche geführt, in denen das Ereignis des Festes geschehen wird. – Hingegen scheinen die letzten Strophen von Vorbereitungen zu künden, die sich zu Hölderlins Lebzeiten zu entwickeln begannen – «bis dass es reift», wie er sagt. Diese Erwartungsstimmung aber wird sich heute steigern müssen zu einer Wachheit gegenüber den ebenfalls sich verstärkenden zerstörerischen Mächten, durch all die damit verbundenen Schmerzen, auf dass einst eine «Friedensfeier» stattfinden möge.

Wie ein Gärtner Verantwortung für seinen Garten trägt, wenn er verwüstet und die Erde verwundet worden ist, so können auch wir Verantwortung für unseren Erdenraum fühlen. In beiden Fällen gilt es, im Einklang mit den rhythmischen Wechselwirkungen von Erden- und Himmelskräften für das Gedeihen des Werdenden zu wirken. Wie sich der Gärtner der Bodenbeschaffenheit und der Geistigkeit des Jahresrhythmus hingibt, werden wir uns unserem menschlichen Lebensraum zuwenden und den aktuellen geistigen Impulsen nachspüren, die Hölderlin als Vorbedingung eines Friedensfestes anspricht: «Schicksalgesetz ist dies, dass alle sich erfahren». Damit hören wir von einer neuen Sozialordnung, wenn «aus seiner Werkstatt tritt, / Der stille Gott der Zeit und nur der Liebe Gesetz, / das schönausgleichende gilt von hier an bis zum Himmel.» – Können wir durch die leidvollen Erfahrungen des letzten Jahrhunderts gerade hier in unserem Erdenraum hellfühlend, hellhörig werden für den Volksgenius Mitteleuropas, der als Vermittler zwischen uns und dem «Fürsten des Festes» wirken will?

So lassen Sie mich nun mit dem Herzstück, der geistigen Mitte dieses Gedichts, den Schluss bilden. Wahrlich horizonterweiternde Worte sind es. Gesprochen sind sie von einem Dichter, der in einmaliger Weise – in vielen seiner letzten Hymnen erkennbar – mit dem Genius Mitteleuropas in geistig-inniger Verbindung stand. In diesen Versen rufen wir ihn nun an als eine der heiligen Mächte – den Fürsten des Festes erwartend.

Einmal mag aber ein Gott auch Tagewerk erwählen,
Gleich Sterblichen und teilen alles Schicksal.
Schicksalgesetz ist dies, dass alle sich erfahren,
Dass, wenn die Stille kehrt, auch eine Sprache sei.
Wo aber wirkt der Geist, sind wir auch mit, und streiten,
Was wohl das Beste sei. So dünkt mir jetzt das Beste,
Wenn nun vollendet sein Bild und fertig ist der Meister,
Und selbst verklärt davon aus seiner Werkstatt tritt,
Der stille Gott der Zeit und nur der Liebe Gesetz,
Das schönausgleichende gilt von hier an bis zum Himmel.

Viel hat von Morgen an,
Seit ein Gespräch wir sind und hören voneinander,
Erfahren der Mensch; bald sind wir aber Gesang.
Und das Zeitbild, das der große Geist entfaltet,
Ein Zeichen liegt's vor uns, dass zwischen ihm und andern
Ein Bündnis zwischen ihm und andern Mächten ist.
Nicht er allein, die Unerzeugten, Ew'gen
Sind kennbar alle daran, gleichwie auch an den Pflanzen
Die Mutter Erde sich und Licht und Luft sich kennet.
Zuletzt ist aber doch, ihr heiligen Mächte, für euch
Das Liebeszeichen, das Zeugnis
Dass ihr's noch seiet, der Festtag,

Der Allversammelnde, wo Himmlische nicht
Im Wunder offenbar, noch ungesehn im Wetter,
Wo aber bei Gesang gastfreundlich untereinander

In Chören gegenwärtig, eine heilige Zahl
Die Seligen in jeglicher Weise
Beisammen sind, und ihr Geliebtestes auch,
An dem sie hängen, nicht fehlt; denn darum rief ich
Zum Gastmahl, das bereitet ist,
Dich, Unvergesslicher, dich, zum Abend der Zeit,
O Jüngling, dich zum Fürsten des Festes; und eher legt
Sich schlafen unser Geschlecht nicht,
Bis ihr Verheißenen all,
All ihr Unsterblichen, uns
Von eurem Himmel zu sagen,
Da seid in unserem Hause.

Epilog
Ein Hallelujah

Das HALLELUJAH ist ein hebräischer lobpreisender Freudengesang, den Rudolf Steiner zu einem eurythmischen Geschehen ausformte und so zu einer meditativen Übung und zugleich zu einem jubelnden Ereignis werden ließ. Mir scheint es in seinem Geistes-Gestus wie eine Art Segen zu sein, eine Verwirklichung des Rufs der Studenten, den wir auf unserer ersten Russlandreise im Jahr 1959 an der Wolga hörten: «Miru Mir – Friede der Welt!» Diese uralte gebetartige Lobpreisung der Hebräer, der Juden, wird zum Zukunftskeim – und wurde es für mich just in Russland. Aus diesem Grund bildet das HALLELUJAH hier den Abschluss, obwohl das mit ihm verbundene Ereignis viel früher stattfand.

Im Sommer 1980 trafen Florian und ich bei einem eurythmisch-musikalischen Seminar in Dresden erstmals unsere russische Freundin Valentina Yatsenko. Sie war zuvor von unserem Trauzeugen Günter Pohl in Moskau «entdeckt» und zu unserem Seminar nach Dresden eingeladen worden – und oh Wunder, die Reise wurde genehmigt. Als Pianistin sog sie die musikalische Eurythmie mit voller Seele in sich hinein, auch noch außerhalb des offiziellen Seminarprogramms. Wir wurden von ihr nachdrücklich gebeten, sobald wie möglich nach Moskau zu kommen, um ihre russischen Freunde mit der Eurythmie bekannt zu machen. Da sie selbst, so erklärte sie, bei einer alten Anthroposophin wohnt, die in sibirischer Verbannung gewesen sei, wäre äußerste Vorsicht geboten und es sei ganz unmöglich, uns eine Adresse anzugeben. Diese könnte ja bei den Grenzübergängen entdeckt werden und somit eine Gefahr für die überängstlich gewordene alte Dame bedeuten. Natascha Moisejeva, so heiße sie, dürfe am Telefon auch nicht auf Deutsch angesprochen werden, um einen Schock zu vermeiden, denn jeder Kontakt zu westlichen Ausländern konnte Repressalien des Geheimdienstes auslösen. Wir erhielten also lediglich eine Telefonnummer, die wir unbedingt auswendig lernen sollten. Da wir nicht wussten, wann es uns möglich wäre, die Reise zu unternehmen, versicherte uns Valentina, sie würde den Zeitpunkt unserer Ankunft träumen und selbst am Telefon sein, wenn wir uns in Moskau melden.

So ausgerüstet trafen wir in den Herbstferien auf dem Flughafen Berlin-Schönefeld zum Abflug ein. Zu unserem großen Erstaunen befand sich unter den nur sechs weiteren Passagieren eine Eurythmie-Schülerin aus einem meiner Göttinger Studen-

Im Sommer 1996 in Berlin mit unserer russischen Freundin Valentina Yatsenko bei der Feier zum Abschluss ihres Eurythmiestudiums.

tenkurse, die ihre in Moskau studierende Schwester besuchen wollte. Von den mitfliegenden Wolga-Deutschen, die ausgewandert waren und nach langer Zeit Verwandte besuchen wollten, übernahmen wir einen Teil ihres viel zu schweren Gepäcks und wurden deswegen von ihren überaus zahlreichen Verwandten am Moskauer Flugplatz heftig umarmt und geküsst. So hatten wir einen herrlichen Empfang.

Von einem Telefonhäuschen aus wählten wir mutig unsere in Dresden erhaltene, auswendig gelernte Nummer, den einzigen Ausgangspunkt unserer Unternehmung, und siehe da, Valentina war sofort am Apparat und forderte uns in kurzen Worten auf, uns am nächsten Tag in einer U-Bahnstation einzufinden. Wie sich herausstellte, gab es dort mehrere Etagen bis tief unter die Erde mit endlosen Rolltreppen. An dieser Station kreuzten sich mehrere Linien. Wo sollten wir uns nun «unauffällig» aufstellen? Plötzlich kam eine dick vermummte Frau dicht an uns vorbei und flüsterte uns zu, wir sollten ihr schweigend folgen. Nach langer Fahrt traten wir durch dichtes Gewühl wieder ans Tageslicht. Und weiterhin schweigend wurden wir kreuz und quer durch die Straßen Moskaus und endlich in den sechsten Stock eines Mietshauses geführt. Hier nun trafen wir auf eine Arbeitsgruppe, die sich in einem kleinen Wohnzimmer unseres späteren Freundes «Wolodja», Professor Vladimir Ivanov, und seiner Frau Ludmilla versammelt hatte. Die Möbel waren in der Küche gestapelt. An deren Stelle lag nun ein langes Brett auf zwei weit auseinander stehenden Stühlen, um so genügend Sitzgelegenheiten zu schaffen. Das Klavier nahm den größten Raum ein, ein Klappbett klemmte dicht an der Wand und das bis an die Decke reichende Bücherregal war die einzige Zierde. So fanden im Zimmer etwa zehn meist junge Menschen Platz. Im Laufe der letzten zwei Stunden hatten sich die Besucher einzeln eingefunden. Das Fenster musste aus Sicherheitsgründen verhängt und geschlossen bleiben. Wir lauschten der Arbeit in der für uns unverständlichen Sprache, die allem Anschein nach recht systematisch zu verlaufen schien, und anschließend wurde von allen hingebungsvoll und innig Eurythmie geübt. Letzteres sollte nun, aus Platzgründen jedoch jeweils mit der Hälfte der Gruppe, täglich fortgesetzt werden, solange ich da war.

An unserem letzten Tag gab es noch eine kleine Aufführung zu sehen. Zwei der Zuschauer mussten sich links, zwei rechts ans Klavier drängen, zwei andere links und rechts im Schneidersitz neben die Pedale setzen, die übrigen standen in der Türöffnung, die hinteren auf Stühlen, damit ich mich auf etwa sechs bis acht Quadratmetern bewegen konnte. Dieses Ereignis war das äußere Bild intensivster Konzentration und aus deren Wirksamkeit sollten – wegen verschärfter Maßnahmen und Kontrollen nach leidvoller vollständiger Auflösung der Gruppe – erst wieder nach der Perestroika an ganz verschiedenen Orten vielfältige Aktivitäten erblühn.

Natürlich sollten Florian und ich auch Natascha Moisejeva kennenlernen. Auch zu ihr wurden wir wieder kreuz und quer durch Moskaus Straßen geleitet, diesmal im Dunkeln. Bei ihr standen alle in Russland erreichbaren anthroposophischen Bücher in einem verglasten Schrank, dessen Scheiben von innen mit Zeitungspapier verklebt waren – was nicht sonderlich unauffällig wirkte. Die Wände dieses Raumes waren dunkelviolett gestrichen. In einem gelben Zimmer, in dem ein alter Flügel stand, wurden wir mit Kuchen und Liebenswürdigkeiten überhäuft. Natascha bat mich in ihr Schlafkämmerchen. Dort sollte ich ihr die eurythmische Meditationsübung «Ich denke die Rede» korrigieren. Die fast Achzigjährige hatte seit den Zwanzigerjahren täglich zwanzig Minuten Eurythmie geübt. Sie bewegte sich in voller Emphase, was ich nicht korrigierte. Eigentlich sollte die Übung sehr sachlich gemacht werden, aber Natascha flog dabei förmlich in den Himmel. Das, so meinte ich, ist in ihrem Alter unter diesen Bedingungen absolut erlaubt. Sie erzählte mir, dass sie zu einer Operation in den Zwanzigerjahren für sechs Wochen nach Deutschland reisen durfte. Dort traf sie sich täglich mit der Eurythmistin Olga Samyslova, um mit ihr aufs Intensivste Eurythmie zu machen. Diese Stunden waren ihre Wegzehrung für die letzten 56 Jahre gewesen. Natascha hatte unter Zuhilfenahme der Eurythmie Kindern im Moskauer Konservatorium Klavierunterricht gegeben. Sie ließ ihre Schüler alle Grundelemente der Toneurythmie in einfacher Art üben und eröffnete ihnen damit einen neuen, lebendigen Zugang zur Musik.

Zu Nataschas eigenen eurythmischen Übungen, die sie seit dem Aufenthalt in Deutschland ausführte, gehörte das HALLELUJAH, das ihr ein besonderes Herzensanliegen war. In der Art, wie Rudolf Steiner dieses Wort für die Eurythmie erschlossen hat, haben wir in seinem Lautkräfte-Gefüge die Möglichkeit, eine der drei Hauptströme in uns zu erfahren, die von jeher als Vorbereitung zur Aufnahme des Christentums dienten. Der erste Strom ist im eurythmischen TAO zu erleben, das von oben her als erschaffender Logos in uns einströmen kann, als kosmische Weisheit aus uralten Zeiten. Der zweite Strom ist beim eurythmisch gestalteten griechischen Gruß EVOE zu spüren, der in seiner vierfachen Gliederung ein Kommunizieren mit dem anderen, dem Du, ermöglicht. Den dritten, hier näher beschriebenen Strom können wir am stärksten in den alt-hebräischen Wort-Klang-Bewegungen des HALLELUJAH als eine willenhafte Vorbereitung erleben:

Aus der Ruhestellung heraus, unsere hindernden Hüllen sprengend, gestalten wir ein aufreißendes H, um uns mit nach oben geöffneten Armen im A zur Aufnahme eines Höheren vorzubereiten. Alsdann lassen wir in sieben wachsenden L-Gebärden unser Herz sich weiten und reinigen, indem sich die Lautgesten stetig mehr entfalten. Wir finden uns in der sich kreuzenden E-Gebärde entweder ehrfürchtig im Herzen oder über uns hinauskommend oberhalb des Hauptes. Nun bewegen sich klingend drei voll entfaltete L hinein in den Kosmos, um dann durch das U der Arme ins Unendliche unterwegs zu sein. Wir lassen aus unserem Mittelpunktswesen das I folgen und öffnen daraufhin im A die Arme weit nach oben. Da hinein lassen wir uns vom H, dem Hauch des Himmels, anwehen. In der abschließenden Ruhehaltung kann das ganze Geschehen im Nachklingen verinnerlicht werden. Dieses erhabene Wort-Wundergebilde des Lobpreisens aus dem Alt-Hebräischen erschafft damit ein hochzeitliches Gewand, eine neue Art der Körperlichkeit gleich einem Gefäß von willendurchdrungener Durchlässigkeit – wenn die Zauberkraft der Eurythmie-Ausübenden dafür ausreicht. Rudolf Steiner sagte, HALLELUJAH hieße sinngemäß: «Ich reinige mich von allem, was mich am Anblick des Gottes hindert.»[26]

Das nun wollte Natascha von mir gezeigt bekommen. Andächtig schaute sie zu. Nach einer Weile des Schweigens sagte sie mit ihrem weichen, russischen Akzent zu mir: «Aber Elisawetha, du musst doch mit dem L tief durch die Erde schöpfen, um oben etwas zu haben, was sich entfalten kann!» – Noch immer sage ich im Stillen zu ihr: «Danke, liebe Natascha, fortan will ich mich darum bemühen!» Und wirklich, wo ich das HALLELUJAH auch ausführe, ob für mich allein oder in einer Gruppe, Natascha ist bei mir. Es ist wie ein Ruf aus der Zukunft! Und könnten wir es hier geistesgegenwärtig vollbringen – hätten wir dann ein Stück Mitteleuropa gefunden?

Natascha öffnete ihr kleines Nachtschränkchen und holte alte, bräunliche Leder-Eurythmie-Schuhe mit völlig durchlöcherten Sohlen hervor. Sie erzählte, Olga Samyslova habe sie ihr 1924 zum Abschied geschenkt: «Elisawetha, die kann ich doch nicht wegwerfen?» Sie habe dann später noch einmal einen Brief von Olga bekommen. Aber durch verschärfte Zensur und auch wegen ihrer Verbannung nach Sibirien konnte sie ihr nicht mehr antworten. «Elisawetha, kannst du ihr meinen Antwortbrief bringen?»

Sobald Florian und ich wieder zurück in Göttingen waren, rief ich in Hamburg bei Olga Samyslova an. Weinend rief diese durchs Telefon: «Kommen Sie bitte sofort!» Ich brachte ihr ein Heiligtum – den Antwortbrief nach 56 Jahren. Alles musste ich haarklein erzählen. Und natürlich auch vom HALLELUJAH.

Ich wurde Zeuge einer unendlich großen Liebe – ein wahrhaftiges Wunder für einen Mitteleuropäer!

Unterwegs, die Mitte suchend

Ein Nachwort von Udi Levy

Ob der Weg das Ziel ist oder das Ziel den Weg bestimmt, ob viele Wege zum Ziel führen oder nur einer der rechte ist, ob es die Suche oder das Finden ist, ob der Aufbruch oder der Rückschlag zum Erfolg oder zur Vollendung führt wird individuell verschieden erlebt und hängt wahrscheinlich sowohl vom Weg als auch vom Ziel ab. Es sind Fragen, die das hier vorliegende biografische Dokument im Anschluss an seinen Titel – an die Suche nach Mitteleuropa – aufwirft.

Elisabeth Göbels autobiografische Schilderung deckt sich mit zwei Dritteln des 20. und dem Anbruch des 21. Jahrhunderts: eine Zeit, die ein Maß an Neuem in die Welt und ins Bewusstsein der Menschen gebracht hat wie kaum eine vergleichbare Zeitspanne zuvor. Gerade dieser Zeitabschnitt, der mit den Dreißigerjahren des 20. Jahrhunderts beginnt, wurde von Rudolf Steiner als äußerst signifikant prophezeit, als eine Zeit, in der eine neue Geist-Erfahrung möglich wird, eine Zeit des spirituellen Aufbruchs, an deren Anfang Steiner seine anthroposophische Methodik und Menschenkunde stellt. Dieser spirituelle Aufbruch wurde auch von anderen Bewegungen unterschiedlicher Gesinnung so empfunden. Die New-Age-Welle – die Erwartung eines neuen geistigen Potenzials zum Überwinden von Grenzen der Sinneswahrnehmung – brandet seit Jahrzehnten an die Gefühls- und Bewusstseinsufer der westlichen Kultur.

Zur gleichen Zeit, in der sich neue Möglichkeiten der spirituellen Horizonterweiterung für die europäische Menschheit eröffneten, die sich hierfür als besonders empfänglich wähnte, verfiel ein großer Teil gerade des deutschsprachigen Raums einem Wahn von Herrschsucht und Xenophobie bei Verachtung jeglicher Menschenwürde. Die Suche nach der geografischen wie auch geistigen Mitte Europas wurde in einem solchen Maße erschwert, dass sie zu einem schier sinnlosen Unternehmen wurde. Ideale wurden zu Zerrbildern, die Freiheit der Persönlichkeit wurde zu einer Farce. Das Resultat war – neben anderen Katastrophen – ein zerrissenes Deutschland in einem geteilten Europa, das seine Mitte – was immer man darunter verstehen mag – verloren hatte. Als Ausgangspunkt nach deren Suche ergaben sich zwei deutschsprachige Gesellschaften, die sich auseinander, nicht aufeinander zu bewegten.

Elisabeth Göbel ist in diesen mitteleuropäischen Raum hineingeboren und sucht – nicht nur im übertragenen Sinne – auf bewegende Art nach dessen gesellschaftlicher Identität. Der reife Rückblick auf ihr Leben zeigt die doppelte Perspektive eines Menschen, der einem inneren Ruf folgt, seinen Weg sucht, sich dabei aber auch selbst beobachtet und reflektiert. Sie ist weder Grenzgängerin noch scheut sie Grenzen – weder zwischenmenschliche noch ideologische. Sie scheut aber auch keine Urteilsbildung, was ihren Aussagen eine Authentizität verleiht, die sich nicht jeder (anthroposophische) Autor leistet.

Die Generation, welche dem Zweiten Weltkrieg folgte, hat immer weniger Verständnis für Ideologien gezeigt. Sie revoltierte gegen das Establishment und immer weniger Menschen ließen und lassen sich durch große Ideologien motivieren. So sagt Rose Ausländer: «Mein Vaterland ist tot / sie haben es begraben / im Feuer / Ich lebe in meinem Mutterland / Wort.»

Elisabeth Göbel steht zwischen Altem und Neuem. Als Idealistin vertritt sie eine relativ neue Idee – die der Anthroposophie, ein Mutterland des Wortes. Das «Vaterland» als Identifikationswert wurde irrelevant. Sie kämpft um die Verwirklichung einer Spiritualität, die das Individuelle, nicht länger das Kollektive, Unpersönliche, die Masse einer Gesellschaft präsentiert. Die Erfahrungen im Dritten Reich und in der DDR und mit deren Regime, welche sie hautnah und im letzteren Fall freiwillig erlebte, verkörpern dasjenige, wogegen sie sich stark macht. Ihr geht es um eine Vermenschlichung der Gesellschaft durch eine neue, spirituell inspirierte Bewegungskunst.

Ein Leben für einen spirituellen Impuls, in dem das Wort eine große Rolle spielt, präsentiert sich dem Leser. Ein Leben, das der Sichtbarmachung des Wortes gewidmet ist – der eurythmischen Kunst und dem pädagogischen und sozialpädagogischen Umgang mit diesem spirituell durchdrungenen Bewegungsimpuls. Die Beweglichkeit scheint ein Wesenszug der Autorin zu sein. Die Suche nach einer geografischen oder geistigen Mitte bleibt eine Suche – der Weg ist hier das Ziel. Sie führt die Suchende dabei auch in Zusammenhänge, die sich offensichtlich weit von dieser Mitte entfernt haben. In ihrer Jugend, als frisch diplomierte Eurythmistin, emigrierte sie freiwillig in die DDR, um dort die Bemühungen zu unterstützen, den anthroposophischen Impuls mit künstlerischer Tatkraft lebendig zu halten. Dort war sie unter erschwerten Umständen Pionierin in ihrer Disziplin.

Dann im letztmöglichen Moment die Rückkehr nach Westdeutschland, die Eheschließung und die Geburt ihrer Kinder, gefolgt vom Erleben sozialer Enttäuschungen. Da wird die Frage gestellt, ob das Ringen um neue Sozialformen nicht zu den zentralsten Anliegen der heutigen Zeit gehört, eine Herausforderung des Ich, die sich gerade im mitteleuropäischen Raum besonders herausbilden will. Das scheint ein Schlüsselgedanke auf der Suche nach der Mitte zu sein. Denn dieses Ich, welches in der anthroposophischen Menschenkunde eine Hauptrolle spielt, wird allzu oft als ein Wesensbestandteil verstanden, der über allen anderen Aspekten des Menschseins thront.

Vielleicht ist dies einer der Gründe, der das Finden der Mitte erschwert. Das Ich, so Rudolf Steiner in seiner *Theosophie,* «lebt in der Seele. Wenn auch die höchste Äußerung des ‹Ich› der Bewusstseinsseele angehört, so muss man doch sagen, dass dieses ‹Ich› von da ausstrahlend die ganze Seele erfüllt». Wir haben im gegenwärtigen Europa fragile, traumatisierte und hypersensibilisierte Seelen, in denen das Ich sich oft nur schwer orientieren kann. Die differenzierten Aspekte innerhalb dieser Seelen kommunizieren oft nur ganz unzulänglich miteinander. Dadurch wird auch die Kommunikation verschiedener «Iche» untereinander umso schwieriger.

Die Epoche, welche Elisabeth Göbel durchlebte und beschreibt, hinterließ enorme Verletzungen in den Seelen der Menschen und schafft immer noch täglich neue. Diese Barrieren emotionaler Art, das Erstickende der Ereignisse, hemmen die «Iche», die dadurch – nach Steiners Worten – an ihrer Ausstrahlung im Seelischen oft gehindert werden. Waren es bis zum Zerfall des Naziregimes politische Systeme, die in Europa die seelische Kohärenz der Menschen gefährdeten, so werden es allmählich die Individuen, die sich im mitteleuropäischen Raum gegenseitig in ihrer Entfaltung hindern. Das Ringen um ein kooperatives Zusammenleben der «Iche» wird zunehmend zu einer existenziellen Notwendigkeit – der vorliegende biografische Text zeigt es auf eine beeindruckende, beinahe exemplarische Art.

Hayim Goury, ein zeitgenössischer israelischer Dichter, schildert mit folgenden Worten, in denen er die jüdische Seelenverfassung zu umschreiben versucht, das Phänomen seelischer Verletztheit: «Der Widder kam zuletzt. / Und Abraham wusste nicht, dass er / Die Frage des Kindes beantwortet, / Der Erstling, von ihm gezeugt, da sein Tag sich neigte. / Er hob sein greises Haupt. / Als er sah, dass er nicht träumte / Und der Engel dastand – / Fiel das Schlächtermesser aus seiner Hand. / Das Kind, das aus seinen Fesseln befreit wurde, / Sah den Rücken seines Vaters. / Isaak, so wird erzählt, wurde nicht geopfert. / Er lebte viele Tage, / Sah viel Gutes, bis sein Augenlicht erlosch. / Aber jene Stunde vererbte er an seine Nachkommen. / Sie werden geboren / Und ein Schlächtermesser in ihrem Herzen.«

Das Leben mit dem Messer im Herzen, einem Schlächtermesser, bei dem kein Widder an die Stelle des Opfers trat, scheint sich zu einer Seelenverfassung entwickelt zu haben, die viele Menschen im geografischen Mitteleuropa betrifft und einschließt. Doch ist diese Mitte Europas nur ein Gebiet auf der Landkarte, wo sich Gleichgesinnte oder Gleichgestimmte finden und erkennen? Oder ist diese Mitte ein innerer Ort ohne räumliche Dimensionen, der von jedem Individuum subjektiv empfunden und nicht mitteilbar ist? Ist sie nicht eine Seelenverfassung?

Ihre Lebenswege führen die Autorin auch an die Entstehungs-Orte des Christentums, jene Religion, die als innerer Weg inauguriert wurde, als Weg zur Spiritualisierung des individuellen und des kollektiven Bewusstseins – und in Institutionen einmündete, aus deren Macht und deren Dogmen sie sich auch nach zwei Jahrtausenden nicht befreien konnte. An jenen Orten, an denen Christus wandelte, spielen sich heute beängstigende Dramen und Konflikte ab, die die Erinnerung an Mitteleuropa 1933 bis 1945 wachrufen. Wieder nimmt uns Elisabeth Göbel mit auf die Reise in eine Randzone, ein Gebiet, wo verschiedene Kulturen sich berühren, dorthin, wo die Begegnung von Individuen zur Entstehung neuer Impulse werden kann. (Auch der anthroposophische Impuls ging vom Randgebiet des deutschen Sprachraums aus.)

Wiederum wird die Frage nach jener undefinierbaren Mitte aufgeworfen. Und das scheint die Besonderheit dieser Biografie zu sein: Sie versetzt den Leser in eine fragende Haltung – als käme es auf das Fragen an, nicht auf die Antwort. Auch Rudolf Steiner, der Lehrer, dessen Spuren sich durch alle Ereignisse ziehen, betitelt eines seiner Grundwerke *Wie erlangt man Erkenntnisse der höheren Welten?* Er stellt eine Frage, auf die es mehr als nur eine Antwort gibt.

Will man aus den autobiografischen Schilderungen Elisabeth Göbels etwas lernen, so ist es vielleicht dies, dass sich die Mitte Europas nicht geografisch fassen lässt, dass sie nicht an einen Ort gebunden ist. Sie ist überall dort zu finden, wo Menschen im Sinne der von Steiner gestellten Frage ernsthaft auf dem Weg sind und nicht an einem Ort – äußerlich wie auch innerlich – stehen bleiben. Sie ist überall dort, wo Menschen, trotz des Schmerzes ob des «Schlächtermessers in ihrem Herzen», sich über ihre Opfer- und Täterrollen erheben, zu einer Gemeinschaftsform, die individuelle Entwicklungsmöglichkeiten bietet.

Udi Levy, im Juli 2008

Personenverzeichnis

Bindel, Ernst (1890–1974). Mathematiker und Physiker, seit 1925 Lehrer an der ersten Waldorfschule in Stuttgart. Nach dem Krieg Einsatz für die Waldorfschulbewegung und Herausgabe der Zeitschrift Erziehungskunst. Zahlreiche Buchveröffentlichungen, darunter *Die ägyptischen Pyramiden* und *Die geistigen Grundlagen der Zahlen*.

Brons, Bernhard (1899–1985). Schauspieler und Sprachgestalter; Mitglied des ersten Schauspielensembles am Goetheanum. Während des Dritten Reichs verbotene anthroposophische Arbeit, 1943 Verhaftung durch die Gestapo; nach der Flucht vom Frontdienst russische Kriegsgefangenschaft. Gründete und leitete anthroposophische Arbeitsgruppen in der DDR in offener Gegnerschaft zu den Staatsorganen.

Bünsow, Robert (1919–2007). Studium in Königsberg; Professor für Biologie an der Universität Göttingen.

Bünsow, Rosemarie (1929–1999). Logopädin und Malerin, daneben Leitung anthroposophischer und künstlerischer Seminare in Kassel; lebte seit 1972 in Kassel.

Dähnert, Gudrun (geb. *Harlan*) (1907–1976). Krankengymnastin; seit 1929 enge Freundin und Biografin von Nelly Sachs.

Ende, Michael (1929–1995). Schriftsteller, bekannt als Jugendbuchautor; feierte Welterfolge mit Büchern wie *Jim Knopf und Lukas der Lokomotivführer*, *Momo* und *Die unendliche Geschichte*.

Gädeke, Wilhelm (geb. 1929). Priester der Christengemeinschaft in Dresden, Halle (Saale) und Stuttgart.

Gaillard, Ottofritz (1915–2006). Professor der Theaterwissenschaften, Regisseur und Intendant in Leipzig und Dresden, danach Direktor der Schauspielschule in Berlin.

Haller, Albrecht von (1708–1777). Studium der Naturwissenschaften und der Medizin in Tübingen und Leiden sowie der Mathematik und Botanik in Basel; Studienaufenthalt in England und Frankreich. Nach mehrjähriger Tätigkeit als praktischer Arzt in Bern wurde er 1736 auf den Lehrstuhl für Anatomie, Chirurgie und Botanik an die neu gegründete Universität nach Göttingen berufen; ab 1753 wieder in der Schweiz.

Heidenreich, Michael (geb. 1932). Sohn von Marta Heidenreich-Heimeran, Priester der Christengemeinschaft in Berlin, später in leitender Funktion in Unterlengenhardt und Öschelbronn.

Heimeran, Marta (1895–1965). Priesterin aus dem Gründerkreis der Christengemeinschaft, zunächst tätig in Ulm und Frankfurt (Main), danach Aufbau der Christengemeinschaft in England; von 1939 bis 1941 in Dresden; zelebriert während des Verbots im Dritten Reich und wird inhaftiert; ab 1946 Priesterin in Tübingen.

Ivanov, Vladimir (geb. 1943). Kunsthistoriker und Theologe; Buchautor und Verfasser zahlreicher Studien zur orthodoxen Kunst; Lehrtätigkeit an verschiedenen Hochschulen in Deutschland; Hauptschriftführer der *Stimme der Orthodoxie* in Berlin.

Jaager, Isabelle de (1892–1979). Eurythmistin, seit 1928 Leiterin der Eurythmieausbildung in Dornach.

Kayser, Kamma (1895–1993) und *Paul* (1890–1963). Seit 1930 als Papiergroßhändler in Dresden; Förderer anthroposophischer Initiativen während der NS-Zeit und in der späteren DDR.

Kliemand, Rudolf (1898–1959). Priester der Christengemeinschaft in Berlin und Dresden.

Klink, Else (1907–1994). Tochter eines deutschen Kolonialbeamten im damaligen Deutsch-Neu-Guinea und einer Polynesierin, kam 1913 nach Deutschland; von 1935 bis 1991 Leiterin des Eurythmeums Stuttgart und des Eurythmeum-Bühnenensembles.

Kopelew, Lew (1912–1997). Russischer Dissident jüdischer Abstammung, lebte seit 1980 in Deutschland im Exil.

Lagerlöf, Selma (1858–1940). Schwedische Schriftstellerin und Nobelpreisträgerin, die vor allem mit ihrem Kinderbuch *Die wunderbare Reise des kleinen Nils Holgersson mit den Wildgänsen* über die Grenzen ihres Landes hinaus bekannt wurde, aber auch durch ihr Engagement für Frauenrechte und ihre Hilfe bei der Rettung jüdischer Flüchtlinge während des Zweiten Weltkriegs.

Lindenau, Christof (geb. 1928). Lehrtätigkeit im In- und Ausland, Buchautor, lebt in Bochum.

Magerstädt, Kurt (1899–1964). Arzt, tätig unter anderem in Arlesheim, Dresden und München.

Moisejeva, Natascha (1901–1980). Pianistin, tätig am Konservatorium in Moskau, einige Jahre in der Verbannung in Sibirien.

Müller, Ernst-August (1925–2001). Strömungsphysiker; seit 1969 Lehrstuhl für Angewandte Mechanik und Strömungsphysik; Leitung des Max-Planck-Instituts für Strömungsforschung.

Palmer, Gerhart (geb. 1929). Priester der Christengemeinschaft in Leipzig.

Pals, Lea van der (1909–2002). Eurythmistin, Leiterin der Bühnengruppe und Eurythmieschule in Dornach.

Palucca, Gret (1902–1993). Tänzerin und Tanzpädagogin, Schülerin von Mary Wigman, gründete 1924 in Dresden eine Tanzschule; Tourneen als Solotänzerin im In- und Ausland, seit 1949 Leiterin der Staatlichen Tanzakademie in Dresden, Mitglied der Deutschen Akademie der Künste in Berlin (Ost) und zeitweise deren Vizepräsidentin.

Pfennig, Norbert (1925–2008). Mikrobiologe; von 1967 bis 1980 Professor an der Universität Göttingen, danach Ordinarius für Mikrobielle Ökologie an der Universität Konstanz.

Pohl, Günter (1929–1996). Hochschuldozent für Elektrotechnik; in Dresden, später überregional für die Anthroposophische Gesellschaft tätig, zuletzt auf dem biologisch-dynamischen Gut Marienhöhe, Bad-Saarow (Mark Brandenburg).

Proskauer-Unger, Margarete (1911–2003). Eurythmistin, Studium bei Isabelle de Jaager in Dornach, ab 1939 als Ausbilderin in Dornach; 1974 Leitung der Eurythmie-Schule in Nürnberg.

Reisinger, Claudia (geb. 1926). Eurythmistin; Tochter von Helene Reisinger und deren Nachfolgerin als Leiterin in der Berliner Eurythmie-Schule.

Reisinger, Helene (1902–1994). Eurythmistin; Leiterin der Eurythmie-Schule in Berlin, daneben großer Einsatz in Ostdeutschland sowohl vor als auch nach dem Krieg, zum Beispiel im Heilpädagogischen Heim Gerswalde.

Reubke, Lothar (geb. 1934). Musiker und Priester der Christengemeinschaft in Stuttgart, Nürnberg und Berlin.

Sachs, Nelly (1891–1970). Schriftstellerin. Als Jüdin von den Nazis verfolgt; 1940 Flucht nach Schweden; sie erlebte ihr Leben als «am Rande der Hölle»; 1966 Literatur-Nobelpreis.

Samyslova, Olga (1895–1989). Eurythmistin; studierte griechischen Tanz in Moskau, Tourneen im In- und Ausland; während des Ersten Weltkriegs in einem russischen Lazarett tätig; 1923 Studium der Eurythmie in Stuttgart; 1928 bis 1967 Leitung der Hamburger Eurythmie-Schule.

Savitch, Marie (1882–1975). Aufgewachsen in der Ukraine; kam 1920 nach Dornach und war ab 1926 Leiterin der Eurythmie-Bühnengruppe am Goetheanum.

Schroeder, Hans-Werner (geb. 1931). Priester der Christengemeinschaft; Leiter des Priesterseminars der Christengemeinschaft.

Schubert, Karl (1889–1949). Lehrer und Heilpädagoge an der Waldorfschule in Stuttgart; wegen seiner jüdischen Vorfahren 1934 mit Unterrichtsverbot belegt.

Schwebsch, Erich (1889–1953). Musikwissenschaftler; seit 1919 Waldorflehrer für Kunstgeschichte in Stuttgart; daneben tätig als Autor und Redakteur.

Selling, Wilhelm (1869–1960). Initiator und Mentor der anthroposophischen Jugendarbeit in Berlin; setzte sich besonders für die Aufführung der Oberuferer Weihnachtspiele ein.

Starke, Gotthard (1909–1987). Arzt, Musiker, Heilpädagoge; leitend tätig im heilpädagogischen Kinderheim im Schloss Bingenheim bei Friedberg.

Steiner, Rudolf (1861–1925). Natur- und Geisteswissenschaftler, Begründer der Anthroposophie; aufgewachsen in Niederösterreich; Studium der Naturwissenschaften, daneben Philosophie, Literatur und Geschichte in Wien; als Herausgeber der naturwissenschaftlichen Schriften Goethes in Weimar; ab 1902 Leiter der deutschen Sektion der Theosophischen Gesellschaft; nach dem Bruch 1912 Gründung der Anthroposophischen Gesellschaft; zahlreiche Buchveröffentlichungen und Vorträge im In- und Ausland; Steiner konkretisierte sein spirituelles Welt- und Menschenbild durch zahlreiche Impulse in Kunst und Wissenschaft und auf den unterschiedlichen Lebensgebieten wie Pädagogik, Medizin oder Landwirtschaft.

Tautz, Johannes (1914–2008). Waldorflehrer für Deutsch und Geschichte; Buchautor.

Venus, Roswitha (geb. 1921). Pianistin; Musikseminare im In- und Ausland; Buchautorin.

Wegman Ita (1876–1943). Ärztin, Mitglied des Gründungsvorstands der Allgemeinen Anthroposophischen Gesellschaft, Leiterin der Medizinischen Sektion am Goetheanum.

Weyrather, Dorothea (geb. 1939). Lange Jahre Bühneneurythmistin in Dornach; Mitarbeit bei der Gesamtausgabe der Werke Rudolf Steiners; zurzeit pädagogische Begleitung der Eurythmie-Ausbildung in Kiew.

Woloschin, Margarita (1882–1973). Russische Malerin; 1905 Begegnung mit Rudolf Steiner; Mitbegründerin der Anthroposophischen Gesellschaft in Russland; ab 1914 Mitwirkung beim Bau des ersten Goetheanum, nach dem Ersten Weltkrieg Exil in Deutschland.

Zeylmans van Emmichoven, Johannes Emanuel (1926–2008). Buchautor, Redakteur und Verleger; ab 1966 Priester der Christengemeinschaft.

ANMERKUNGEN

1 Die Anthroposophische Gesellschaft wurde von Rudolf Steiner gegründet und hat ihr Zentrum in Dornach bei Basel in der Schweiz. In Deutschland wurde sie 1935 verboten und mit ihr die Rudolf-Steiner-Schule, in die ich eigentlich gehen sollte.
2 Siehe J. Emanuel Zeylmans van Emmichoven, *Wer war Ita Wegman. Eine Dokumentation,* Dornach 1990.
3 Kindergebet von Rudolf Steiner, in *Wahrspruchworte* (GA 40), Dornach ⁵1981, S. 238.
4 Siehe Marion Gräfin Dönhoff, *«Um der Ehre willen». Erinnerungen an die Freunde vom 20. Juli,* Berlin ⁴2003.
5 Rudolf Steiner, *Wahrspruchworte* (GA 40), Dornach ⁵1982.
6 Die Christengemeinschaft ist eine von der Anthroposophie inspirierte Kirche, jedoch von dieser unabhängig.
7 *Heileurythmie:* therapeutisch angewandte Eurythmie.
8 Erstes Statut zur Gründung der Anthroposophischen Gesellschaft, in Rudolf Steiner, *Die Konstitution der Allgemeinen Anthroposophischen Gesellschaft und der Freien Hochschule für Geisteswissenschaft. Der Wiederaufbau des Goetheanum* (GA 260a), Dornach 1966, S. 29.
9 Dieses Wortgebilde mit all seinen spiegelbildlichen Verwandlungen entfaltet sich in der von Rudolf Steiners aufgezeigten Raumform zunächst als eine Evolution, um nach einem Prozess der Umstülpung mit neuer Qualität wiederum eine Involution zu erzeugen.
10 Aus *Flucht und Verwandlung.* In Nelly Sachs, *Späte Gedichte,* Frankfurt (Main) 1965, S. 10f. © Suhrkamp Verlag Frankfurt (Main) 1988.
11 Aus *Glühende Rätsel.* In Nelly Sachs, *Späte Gedichte,* Frankfurt (Main) 1965, S. 168. © Suhrkamp Verlag Frankfurt (Main) 1981.

12 Aus *Glühende Rätsel*. In Nelly Sachs, *Späte Gedichte*, Frankfurt (Main) 1965, S. 169. © Suhrkamp Verlag Frankfurt (Main) 1981.
13 Rudolf Steiner, *Eurythmie als sichtbare Sprache* (GA 279), Dornach ³1968, S. 56ff.
14 Elisabeth Göbel, *Eurythmie im ersten Jahrsiebt. Ein Lebenselixier in unserer Zeit. Menschenkundliche Begründungen und praktische Beispiele*, Stuttgart 2005.
15 Siehe Roswitha Venus, *Ein Weg zu vertieftem Musikhören*, Hildesheim 2005.
16 Siehe Christof Lindenau, *Der übende Mensch. Anthroposophie-Studium als Ausgangspunkt moderner Geistesschulung*, Stuttgart ³2001.
17 Aus *Sternverdunkelung*. In Nelly Sachs, *Das Leiden Israels. Eli. In den Wohnungen des Todes. Sternverdunkelung*, Frankfurt (Main) 1965, S. 123f. © Suhrkamp Verlag Frankfurt (Main) 1988.
18 Johannes Tautz, *Der Eingriff des Widersachers. Fragen zum okkulten Aspekt des Nationalsozialismus*, Freiburg i. Br. 1976.
19 Emil Bock, *Könige und Propheten*, Stuttgart 1977.
20 Ilan Pappe, *Die ethnische Säuberung Palästinas*, Frankfurt (Main) ²2007.
21 Siehe Sumaya Farhat-Naser, *Verwurzelt im Land der Olivenbäume. Eine Palästinenserin im Streit für den Frieden*, Basel ²2002.
22 Siehe Sumaya Farhat-Naser, *Disteln im Weinberg. Tagebuch aus Palästina*, Basel 2008.
23 Siehe Udi Levy, *Zum Frieden bereit? Spirituelle Impulse des Judentums für eine Verständigung im Nahen Osten*, Dornach 2005, und Dan Bar-On, *Erzähl dein Leben. Meine Wege zur Dialogarbeit und politischen Verständigung*, Hamburg 2004.
24 Rudolf Steiner: *Die Sehnsucht der Juden nach Palästina*. In *Gesammelte Aufsätze zur Kultur- und Zeitgeschichte 1887–1901* (GA 31), Dornach ³1989, S. 198f.
25 «Ein-Bustan» Maayan Babustan Arab Jewish Waldorf Kindergarten, 13 Narkisim St. 36073, Kiryat Tivon, Israel (www.ein-bustan.org).
26 Mündlich überlieferte Aussage Rudolf Steiners, abgedruckt in *Die Grundelemente der Eurythmie*, hrsg. von Annemarie Dubach-Donath, Dornach 1928.

Dank

Mein aufrichtiger Dank gilt Olaf Kayser, der mit seiner großzügigen Papierspende einen erheblichen Beitrag zur Realisierung dieses Buchs geleistet hat. Ebenfalls danke ich meinem Lektor Manfred Christ, der ihm zu seiner endgültigen Form verhalf.

Die Autoren

Elisabeth Göbel, geboren 1930 in Berlin. Nach dem Krieg Flucht nach Wendlingen/Neckar. In Stuttgart Besuch der Waldorfschule, danach Eurythmie-Studium bei Else Klink. Ab 1956 Eurythmistin in Dresden. 1960 Heirat, im folgenden Jahr Flucht in den Westen. 1979 Mitbegründerin der Waldorfschule in Göttingen. Umfangreiche Kurs- und Lehrtätigkeit. Buchveröffentlichung: *Eurythmie im ersten Jahrsiebt. Ein Lebenselixier in unserer Zeit. Menschenkundliche Begründungen und praktische Beispiele.*

Udi Levy, 1952 in Jerusalem geboren. Mitbegründer einer sozialtherapeutischen Dorfgemeinschaft in Israel. Seit 2003 Leitung einer sozialtherapeutischen Einrichtung in der Schweiz. Buchveröffentlichung: *Die Nabatäer. Versunkene Kultur am Rande des Heiligen Landes* und *Zum Frieden bereit? Spirituelle Impulse des Judentums für eine Verständigung im Nahen Osten.*